行政書士のための

相続・遺言
実務の基礎

千田大輔・岡田智憲 著

セルバ出版

はじめに

　私は行政書士として、これまでに1万件以上にも及ぶ相続の相談や実務対応の経験をしてきました。これまでに経験したことをわかりやすく説明し、これから行政書士として開業したい方や、すでに行政書士として活動をしているが、相続業務も行っていきたい方に向けてお伝えしたいという気持ちが強くなり、本書の出版に至りました。

　本書が相続実務に一度も触れたことのない方、行政書士業務として遺言業務やその他の生前対策業務（家族信託や死後事務、生前贈与など）も行っていきたい方にとっての、実務処理のためのマニュアルとなれば幸いです。

　行政書士試験をパスしただけでは実務の対応は難しく、行政書士事務所への就職などを通して経験を積んでいくことで実務対応できるようになるのが一番の近道のように思えますが、現実はその就職もなかなか難しい状況が続いています。

　そこで、実際の実務の場面をイメージしながら本書をお読みいただくと、初めての相続実務であっても問題なく顧客対応ができるのではないかと思います。

　相続の他、遺言業務、家族信託業務、身元保証業務などの相続関連業務にも触れておりますので、事務所の運営や経営のお役にも立てる内容となっております。

　相続分野は今後もマーケットの拡大が進み、ニーズの高い分野であることは間違いありません。しっかりと本書で実務処理の仕方を学んでいただき、実際の業務処理の場面でご活用いただけたら幸いです。

2024年10月

行政書士　千田　大輔

行政書士のための相続・遺言実務の基礎　目次

はじめに……………………………………………………………………… 3

第1編　相続手続業務

第1章　基礎調査 ………………………………………………………… 10
1　人の調査（相続人調査）………………………………………………… 10
　(1)　戸籍の取得………………………………………………………… 10
　(2)　戸籍の読み取り…………………………………………………… 18
2　相続関係説明図の作成………………………………………………… 32
3　法定相続情報証明制度………………………………………………… 36
4　財産の調査（相続財産調査）…………………………………………… 38
　(1)　預貯金の調査……………………………………………………… 39
　(2)　有価証券の調査…………………………………………………… 44
　(3)　不動産の調査……………………………………………………… 48
　(4)　不動産上の権利の調査…………………………………………… 66
　(5)　動産の調査………………………………………………………… 67
　(6)　その他の財産の調査……………………………………………… 68
　(7)　負の財産の調査…………………………………………………… 70
5　相続税の申告が必要な場合の調査…………………………………… 71
6　相続財産目録の作成…………………………………………………… 74

第2章　相続手続業務の執行 …………………………………………… 79
1　相続方法の決定………………………………………………………… 79
　(1)　相続放棄…………………………………………………………… 84
　(2)　限定承認…………………………………………………………… 87
2　遺産分割協議…………………………………………………………… 91
　(1)　特別受益…………………………………………………………… 91

⑵　寄与分……………………………………………………… 95
　　　⑶　遺留分……………………………………………………… 99
　3　遺産分割協議書の作成…………………………………………102
　　　⑴　遺産分割協議書の記載内容……………………………103
　　　⑵　相続財産および相続人の記載…………………………105
　　　⑶　相続財産の分割方法の記載……………………………113
　　　⑷　相続人の住所および署名・押印………………………116
　　　⑸　数次相続と遺産分割協議書……………………………119
　　　⑹　遺産分割協議証明書の作成……………………………120
　　　⑺　計算書・清算書の作成…………………………………121
　4　遺産分割調停・審判……………………………………………121

第3章　遺産整理業務の執行 ………………………………………124

　1　預貯金の相続手続…………………………………………………125
　2　有価証券の相続手続………………………………………………127
　3　不動産の相続手続…………………………………………………129
　　　⑴　不動産の名義変更の手続………………………………129
　　　⑵　不動産の売却の手続……………………………………135
　　　⑶　相続土地国庫帰属制度の手続…………………………136
　4　自動車の相続手続…………………………………………………137
　　　⑴　名義変更の手続…………………………………………137
　　　⑵　売却の手続………………………………………………139
　　　⑶　廃車の手続………………………………………………140
　　　⑷　車検が切れている自動車の手続………………………141
　5　生命保険の相続手続………………………………………………143
　6　税の申告手続………………………………………………………145

第4章　清算業務の執行 ……………………………………………147

第2編　遺言業務

第1章　遺言書の作成 …………………………………………150
1　遺言書の作成の検討 ………………………………………150
2　遺言の方式 …………………………………………………155
(1)　自筆証書遺言 ……………………………………………155
(2)　公正証書遺言 ……………………………………………157
(3)　秘密証書遺言 ……………………………………………161
(4)　危急時遺言 ………………………………………………163
3　遺言者の遺言能力 …………………………………………165
4　遺言書の記載内容 …………………………………………167
(1)　遺言事項の記載 …………………………………………170
(2)　付言事項の記載 …………………………………………185
(3)　遺言者の住所および署名・押印 ………………………186
5　遺言の撤回 …………………………………………………187
(1)　遺言の撤回の記載 ………………………………………188
6　遺言書の保管 ………………………………………………189
(1)　自筆証書遺言保管制度を利用した保管 ………………190
(2)　遺言書の保管業務 ………………………………………191

第2章　遺言書による相続手続業務 …………………………193
1　遺言書の確認 ………………………………………………193
(1)　遺言書の検認 ……………………………………………193
(2)　自筆証書遺言保管制度の手続 …………………………196
(3)　公正証書遺言の手続 ……………………………………203
2　遺言執行業務 ………………………………………………205
(1)　遺言執行者の選任 ………………………………………205
(2)　遺言執行者の権限 ………………………………………207
(3)　遺言執行者の義務 ………………………………………208

⑷　遺言の執行……………………………………………………209

第3編　相続・遺言関連業務

第1章　贈与契約書作成業務 …………………………………215
　1　贈与および遺贈と税金………………………………………216
　2　贈与契約書の記載内容………………………………………219

第2章　身元保証業務 ……………………………………………223
　1　身元保証委託契約書の記載内容……………………………223

第3章　財産管理業務 ……………………………………………228
　1　財産管理委任契約書の記載内容……………………………229

第4章　任意後見業務 ……………………………………………234
　1　任意後見契約…………………………………………………235
　2　任意後見契約書の記載内容…………………………………237
　3　任意後見の開始………………………………………………241

第5章　死後事務受任業務 ………………………………………242
　1　死後事務の内容………………………………………………242
　2　死後事務委任契約……………………………………………246
　3　死後事務委任契約書の記載内容……………………………247
　4　死後事務の開始………………………………………………252

第6章　家族信託業務 ……………………………………………253
　1　家族信託の仕組み……………………………………………253
　2　家族信託契約…………………………………………………256
　3　家族信託契約書の記載内容…………………………………261

//
第4編　実務の基礎知識

第1章　業務受任前の準備や心構え ……………………………………266

第2章　面談対応の基礎 ……………………………………279

第3章　業務執行中の対応 ……………………………………283

第4章　業務完了後の対応 ……………………………………286

第1編　相続手続業務

　相続手続業務とは、相続人に代わり、相続人の確定および被相続人の財産の承継に関わる手続を行う業務です。相続に関わる業務のうち、遺言書に関わるものについては、第2編　遺言業務において解説します。

第1章 基礎調査

　基礎調査は、相続手続業務や遺産整理業務を行うにあたり必要となる情報を調べ、書類にまとめる作業です。

　基礎調査は、被相続人や相続人について調べる相続人調査と相続財産について調べる相続財産調査に分けられます。

　これらの調査は、通常は並行して進めます。基礎調査の中には、金融機関における預貯金の調査と解約のように、遺産整理業務と併せて進めるものもあります。

1　人の調査（相続人調査）

　相続人調査は、相続手続業務の初めに相続人の範囲を確定する作業です。

　相続人の範囲の確定は、金融機関、法務局、家庭裁判所などで行う相続手続において、相続関係を証明するために必要となります。

　相続人の範囲は、被相続人や相続人の戸籍を取得して読み取るという作業を繰り返すことにより確定します。

　相続人調査で確定した被相続人と相続人の関係は、相続関係説明図に記載します。

(1)　戸籍の取得

■取得する証明書類

　相続人調査では、次のような証明書類（戸籍）を取得します。
① 　被相続人の出生から死亡までの戸籍謄本等
② 　被相続人の住民票の除票または戸籍の附票

③　相続人の現在の戸籍謄本等
④　相続人の住民票または戸籍の附票

　戸籍を取得する方法には、①職務上請求書により取得する方法と、②相続人から委任状を取得して市区町村の請求書により取得する方法があります。

　②については、市区町村が用意している請求書の代わりに、必要な事項を記載した独自の請求書を使用する場合もあります。

■職務上請求書による戸籍の取得

　職務上請求書により戸籍を取得する場合は、職務上請求書に関する規則※に従う必要があります。

　また、請求書を作成する際には、次のような点に注意しなければいけません。

①　業務の種類には、行政書士の資格で認められた範囲内の業務を記載します。相続手続業務であれば、「相続関係説明図の作成」、「法定相続情報一覧図の作成」、「遺産分割協議書の作成」など、遺言業務であれば、「秘密証書遺言の作成」などと記載します。

　なお、職務上請求書は、遺言執行者の権限で行う業務には使用できないため注意が必要です。

②　依頼者には、依頼者の続柄を記載します。
③　被相続人には、死亡年月日を記載します。
④　戸籍を取得する理由には、業務が必要となる理由および業務において戸籍の取得が必要となる理由を具体的に記載します。

　業務が必要となる理由は、相続関係説明図の作成であれば、「金融機関の相続手続において相続関係説明図を作成する必要がある」などと記載します。戸籍の取得が必要となる理由は、兄弟姉妹が相続人となる場合であれば、「被相続人に子がおらず、被相続人の兄弟姉妹が相続人となることを確認する」、遺言執行者から依頼を受けて業務を行う場合であれば、「依頼者が遺言執行者としての義務を果たすために相続人を特定する必要がある」などと記載します。

※日本行政書士会連合会「職務上請求書の適正な使用及び取扱いに関する規則」および各都道府県行政書士会の規則やガイドラインを参照。

第1章　基礎調査

【図表1　職務上請求書の例】

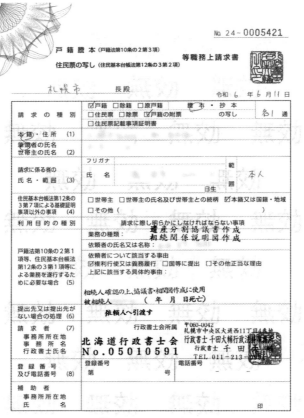

■市区町村の請求書による戸籍の取得

　市区町村の請求書により戸籍を取得する場合は、相続人からあらかじめ「委任状」（図表3）を取得しておきます。

　市区町村が用意している請求書の代わりに、独自の請求書を作成・提出する場合、請求書には市区町村の請求書と同等の内容を記載します（図表2）。

　このような請求書の書式を用意しておくことで、様々な市区町村の請求書

の書式を取得する手間を省くことができます。

【図表2　独自の請求書の例】

委任状の内容の注意点
　委任状を作成する際には、次のような点に注意しなければいけません。
①　委任者が相続人であることを記載する。
②　被相続人の氏名および死亡年月日を記載する。
③　委任する権限として、委任状の原本還付を請求する権限をあげる。
④　戸籍の取得と相続財産調査で共通の委任状を用いる場合は、依頼者の実印を押印してもらう。

第1章　基礎調査

【図表3　委任状の例】

特定事務指示書（委任状）

私は、下記の者を、下記の事務の手続き代行者として指定します。

記

【手続き代行者】
　事務所住所　＊＊県＊＊市＊＊区＊＊丁目＊＊番＊＊
　氏名　　　　行政書士　□□　□□

【被相続人の表示】
　氏名　　　　○○　○○
　住所　　　　＊＊県＊＊市＊＊区＊＊町＊＊番＊＊
　生年月日　　昭和＊＊年＊＊月＊＊日
　死亡年月日　令和＊＊年＊＊月＊＊日

相続人、または遺言者、及び相続財産、負債の確認に必要な書類を取得する一切の権限
　戸籍、除籍、改正原戸籍、住民票、住民票除票、戸籍の附票、不在籍証明書、不在住証明書、名寄帳、評価証明書の取得に関する権限、復代理人選定に関する権限、委任状原本還付に関する権限（但し、世帯主・続柄・本籍・筆頭者等の省略がないもの）

以上

令和　　年　　月　　日

【依頼者】
　住所　_____
　氏名　_____　㊞

■戸籍の取得にかかる期間

　一般的に相続手続に必要となるすべての戸籍を取得するには、1〜2か月の期間がかかります。

　また、兄弟姉妹が多い事案や数次相続が発生している事案では、相続人の数が多くなるため、2〜3か月の期間がかかる場合があります。

　戸籍を取得してみて新たな相続人が判明する場合もあるため、依頼者に手続にかかる期間を説明する場合は、余裕を持たせて伝えておくことが大切です。

　なお、令和6年（2024年）3月1日より戸籍の広域交付制度[※]が始まり

ました。請求者本人が市区町村の窓口で電子化されている戸籍を取得する場合に限られますが、戸籍の取得にかかる期間の短縮が期待されています。

※ 法務省「戸籍法の一部を改正する法律について（令和6年3月1日施行）」
（https://www.moj.go.jp/MINJI/minji04_00082.html）

■依頼者に聞いておきたいこと

相続手続について相談を受けた際には、判明している親族関係を依頼者から聞いておくことが重要です。

本籍地を変更している者がいる場合は、取得しなければいけない戸籍が増えるため、婚姻や転籍の状況を確認しておく必要があります。

また、戦争や災害により戸籍の取得が難しい場合もあるため、該当する者がいないか確認しておく必要もあります。

■効率よく戸籍を取得するには

戸籍を取得する場合、基本的には被相続人の戸籍の取得から始めて、記載されている者を追いながら相続人の戸籍を取得します。

しかし、事案によって、被相続人の本籍地が不明な場合、代襲相続により相続人が多数に上る場合、養子縁組により親族関係が複雑になる場合などがあります。

このような場合、戸籍を順に追って取得する方法では、すべての戸籍を収集するのに時間がかかってしまいます。

そこで、効率よく戸籍を取得するため、始めから相続人の戸籍を取得する方法がとられます。被相続人の本籍地が不明な場合であれば、相続人の戸籍から被相続人の本籍地を確認して被相続人の戸籍を取得します。

また、相続人が多数に上る場合や親族関係が複雑になる場合であれば、職務上請求書により複数人の戸籍を並行して取得します。

同一市区町村に複数人の戸籍が存在するときは、複数の請求をまとめて行うことで戸籍の取得にかかる時間を短縮できます。

また、結婚、離婚などにより同一市区町村に1人の戸籍が複数存在するときは、市区町村によっては、請求の際にすべての戸籍を必要とする理由を

示すことで、まとめて戸籍を取得できる場合があります。
　住民票を取得する場合、基本的には戸籍と住民票を並行して請求します。しかし、相続手続では提出する書類に期限が設けられているものがあります。
　そこで、市区町村側で戸籍を追うのに時間がかかる場合は、戸籍を取得できる時期になってから住民票を請求します。
　また、相続人の本籍地が変更されている可能性がある場合は、戸籍を取得して本籍地を確認してから住民票を請求します。

■戸籍の取得が難しい場合
本籍地が旧樺太・北方領土にある場合
　本籍地が旧樺太・北方領土の市町村となっている場合、旧樺太の戸籍の一部は外務省[※1]で、北方領土の戸籍の一部は釧路地方法務局根室支局[※2]で保管されています。これらの戸籍については、原本の写しの交付を申請できます。保管されている中に戸籍が存在しない場合は、保管されていない旨が通知されます。

※1　外務省「旧樺太の戸籍に関する証明」
　　（https://www.mofa.go.jp/mofaj/annai/honsho/sosiki/gaichi/kosekisyoumei.html）

※2　釧路地方法務局「北方領土の戸籍などに関する証明について」
　　（https://houmukyoku.moj.go.jp/kushiro/static/kouhuseikyuusyohtmljtd.htm）

戸籍が存在しない場合
　戦争や災害で戸籍が滅失した、保存期間を経過したため戸籍を破棄したといった理由で戸籍が存在しない場合があります。また、滅失した戸籍を再製したが、元の戸籍に存在した記載の一部が失われている場合もあります。このような場合は、戸籍を滅失または破棄したことの証明書または告知書などを請求します。
　相続手続によっては、戸籍により証明することができない事実について、事実であることおよび争いが生じないことを確約する上申書が必要となる場合があります。
　上申書は図表4のようなものを作成します。

【図表4　上申書の例】

> 　被相続人○○の相続を証明する資料が一部存在しないため、相続関係を証明することができません。しかしながら、○○の相続人が●●の他に存在しないことは事実であり、その相続関係に関して今後いかなる紛争も生じないことを確約します。

相続人の中に連絡が取れない者が存在する場合

　連絡先がわからないなどの理由で一部の相続人と連絡が取れない場合があります。このような場合は、戸籍謄本から本籍地を調べたうえで、本籍地の戸籍の附票から現在の住所を調べて連絡を取ります。

　連絡を取る方法としては、手紙を送る、直接訪問するなどが考えられます。

　手紙で連絡を取る場合は、受け取ったことがわかるよう特定記録郵便を利用します。

相続人の中に行方不明者が存在する場合

　相続人の中に居所がわからない者や生死が不明な者が存在する場合があります。このような場合は、家庭裁判所に不在者財産管理人の選任[※1]を申し立てる方法と失踪宣告[※2]を申し立てる方法があります。

　失踪宣告がされた場合は、不在者（失踪者）について相続が生じます。

※1　裁判所「不在者財産管理人選任」

　　　（https://www.courts.go.jp/saiban/syurui/syurui_kazi/kazi_06_05/index.html）

※2　裁判所「失踪宣告」

　　　（https://www.courts.go.jp/saiban/syurui/syurui_kazi/kazi_06_06/index.html）

相続人の中に外国籍を取得した者が存在する場合

　相続人の中に外国人との結婚や移住により、帰化して外国籍を取得した者がいる場合は、帰化した時点より後の戸籍が存在しません。また、日本の住民登録が存在せず、印鑑登録ができません。

　このような場合は、戸籍、住民票、印鑑証明書に代わるものとして宣誓供述書を作成して公証人に認証してもらう必要があります。宣誓供述書は図表

5のようなものを作成します。

【図表5　宣誓供述書の例】

> 私は＊＊年＊＊月＊＊日生の●●で、＊＊＊＊＊＊に住んでいます。
> 私は＊＊年＊＊月＊＊日に死亡した＊＊年＊＊月＊＊日生の○○の相続人であること、以下の署名は私のものであることを宣誓します。

相続人の中に海外在住者が存在する場合

相続人の中に海外で暮らしている者がいるとき、転出届の提出により日本の住民登録が存在せず、印鑑登録ができません。

このような場合は、日本の在外公館（日本大使館、領事館など）において、住民票に代わるものとして在留証明を、印鑑証明書に代わるものとして署名証明書（サイン証明書）を発行してもらう必要があります[※]。

※　外務省「在外公館における証明」
　　（https://www.mofa.go.jp/mofaj/toko/page22_000554.html）

(2) 戸籍の読み取り

戸籍には主に、①戸籍を登録している場所である本籍、②名前・生年月日・父母の名前・続柄など個人に関わる事項、③戸籍の作成・変更・閉鎖など戸籍の変遷を明らかにする戸籍事項、④出生・死亡・婚姻など個人の身分関係の変遷を明らかにする身分事項が記載されています。

戸籍を読み取るときは、これらの記載内容から戸籍のつながりを確認していきます。

■年式別の戸籍の特徴
明治19年式戸籍

明治19年式戸籍（1886年式戸籍）は、明治5年式戸籍（1872年式戸籍、壬申戸籍）の問題点を改め、統一の様式で作成された戸籍です。明治から昭和にかけての戸籍は、縦書きで記載されています（図表6）。

この戸籍では、家を基本単位としていて、子の配偶者や孫といった直系・

傍系の親族が1つの戸籍に記載されています。
　また、戸籍事項は、戸主の身分事項と併せて記載されています。

明治31年式戸籍

　明治31年式戸籍（1898年式戸籍）では、父母、続柄、生年月日の欄が設けられました（図表7）。
　また、戸主の身分事項のうち戸主となった原因と年月日を記載する欄が設けられました。

大正4年式戸籍

　大正4年式戸籍（1914年式戸籍）は、戸籍事務処理を市町村で行うようになった戸籍です（図表8）。
　この戸籍では、身分登記簿が廃止されたことに伴い、身分事項がより詳細に記載されるようになり、戸主となった原因と年月日を記載する欄は廃止されました。

昭和23年式戸籍

　昭和23年式戸籍（1948年式戸籍）は、昭和22年の民法改正にともない改製された戸籍です（図表9）。
　この戸籍では、それまでの家を基本単位とする戸籍から夫婦と未婚の子を基本単位とする戸籍に変更されました。
　また、戸籍事項と身分事項を記載する欄がそれぞれ設けられました。
　この戸籍の実際の改製は、昭和32年法務省令第27号に基づいて、昭和33年度から昭和41年度にかけて行われています。

平成6年式戸籍

　平成6年式戸籍（1994年式戸籍）は、戸籍事務処理の電子化が行われた現行の戸籍です（図表10）。
　この戸籍では、証明書類が縦書きから横書きに変更され、名称も戸籍謄本などから戸籍全部事項証明などに変更されました。

第 1 章　基礎調査

【図表 6　明治 19 年式戸籍の例】

【図表7　明治31年式戸籍の例】

第1章 基礎調査

【図表8　大正4年式戸籍の例】

【図表9　昭和23年式戸籍の例】

本籍	北海道札幌市南三条西五丁目一番地	氏名	北海　太郎	
戸籍事項欄	婚姻の届出により昭和三十四年五月五日夫婦につき本戸籍編製			
身分事項欄	昭和十年七月三日北海道札幌市で出生同日父届出入籍 昭和三十四年五月五日斉藤花子と婚姻届出北海道札幌市北海喜助戸籍から入籍	父	北海　喜助	長男
		母	北海　マツ	
		夫	北海　太郎	
		生出	昭和十年七月三日	
	昭和十二年四月三十日北海道小樽市で出生同月三十一日父届出入籍 昭和三十四年五月五日北海太郎と婚姻届出北海道小樽市斉藤次郎戸籍から入籍	父	斉藤　次郎	長女
		母	斉藤　ヨヨ	
		妻	花子	
		生出	昭和十二年四月三十日	
	昭和三十五年八月三日北海道札幌市で出生同月三日父届出入籍	父	北海　太郎	長男
		母	北海　花子	
			一郎	
		生出	昭和三十五年八月三日	

第1章　基礎調査

【図表10　平成6年式戸籍の例】

(1の1)	全部事項証明

本　籍	北海道札幌市中央区北一条西二丁目1番地
氏　名	札幌　太郎

戸籍事項 　転　籍	【転籍日】平成27年7月21日 【従前本籍】北海道江別市高砂町6番地
戸籍に記録されている者	【名】太郎 【生年月日】平成4年8月25日　　【配偶者区分】夫 【父】札幌幸雄 【母】札幌松子 【続柄】長男
身分事項 　出　生 　婚　姻	【出生日】平成4年8月25日 【出生地】北海道札幌市西区 【届出日】平成4年8月31日 【届出人】父 【婚姻日】平成27年2月14日 【配偶者氏名】北海花子 【従前本籍】北海道札幌市中央区北一条西二丁目1番地　札幌幸雄
戸籍に記録されている者	【名】花子 【生年月日】平成6年4月24日　　【配偶者区分】妻 【父】北海忠治 【母】北海春子 【続柄】長女
身分事項 　出　生 　婚　姻	【出生日】平成6年4月24日 【出生地】北海道札幌市中央区 【届出日】平成6年5月1日 【届出人】父 【婚姻日】平成27年2月14日 【配偶者氏名】札幌太郎 【従前本籍】北海道札幌市東区北十一条東七丁目1番　北海忠治
	以下余白

発行番号

これは、戸籍に記録されている事項の全部を証明した書面である。
　平成〇〇年〇〇月〇〇日　　　　　北海道札幌市中央区長　　〇〇　〇〇

■確認したい記載事項

　戸籍を読み取るときは、次のような記載事項を確認する必要があります。
　特に、新しい戸籍が作成された理由と年月日が、前の戸籍が消除された理由と年月日に一致することを確認します。
　もし、両戸籍の間に期間が空いている場合は、その期間の戸籍を取得する必要があります。

戸籍の作成に関する記載事項

① 編製　婚姻、家督相続、転籍などにより、新しい戸籍が作成されたことを指します。

② 改製　法令の改正により、新しい様式・編製基準に従って書き換えられた、新しい戸籍が作成されたことを指します。

③ 再製　戦争、災害などにより、戸籍の全部または一部が滅失した、または滅失するおそれがあることから、新しい戸籍が作成し直されたことを指します。再製の時期により、元の戸籍に記載されていた内容が新しい戸籍に記載されていない場合があります。

④ 消除　婚姻、家督相続などにより、戸籍に記載されているすべての者が除籍された、または戸籍が改製されたため戸籍が閉鎖されたことを指します。除籍により消除された戸籍簿を除籍簿、改製により消除された戸籍を改製原戸籍といいます。

⑤ 転籍　本籍地を変更したことを指します。転籍があると、変更前の本籍地の戸籍は消除され、変更後の本籍地に新しい戸籍が作成されます。

⑥ 除籍　婚姻、死亡などにより戸籍に記載されている者が除かれたことを指します。また、除籍簿のことを指す場合もあります。

婚姻に関する記載事項

⑦ 婚姻　婚姻があると、明治から大正にかけての戸籍では通常、女性が戸主である父の戸籍から除籍となり、戸主である夫または夫の父の戸籍に入籍します。昭和23年式戸籍以後では、夫婦は、それぞれ父母または自身を筆頭者とする戸籍から除籍となり、夫婦の称する氏をもつ者は、自身を筆頭者とする新しい戸籍を作成し、配偶者は新しい戸籍に入籍します。夫婦の称する氏をもつ者の戸籍がすでにある場合、配偶者は、すでにある戸籍に入籍します。

　なお、女性戸主の婚姻（入夫婚姻）がある場合は、時期により新しい戸主の決まり方が異なります。明治19年式戸籍の時期は、慣習により夫が戸主となります。旧民法第736条の施行により、明治31年式戸籍の時期は、反対の意思表示がない限り夫が戸主となります。大正4年式戸籍

の時期は、夫を戸主とする届出があるときは夫が、届出がないときは妻が戸主となります。

家に関する記載事項
⑧　家督相続　戸主の死亡や隠居により、子（通常は長男）が戸主の財産および戸主権を承継したことを指します。家督相続があると、前の戸主の戸籍は消除され、新しい戸主の戸籍が作成されます。家督相続は、改正民法が施行された昭和22年5月3日より前に発生した相続について問題となります。
⑨　隠居　戸主が生前に戸主権を譲ったことを指します。戸主が隠居すると家督相続が発生します。前の戸主が隠居した後に取得した財産の相続は、家督相続ではなく遺産相続となります。
⑩　分家　家族の構成員の一部が戸主の同意を得て新しい家を設立したことを指します。分家が設立されると、前の戸主の戸籍から除籍となり、新しい戸籍が作成されます。

相続に関する記載事項
⑪　欠格・廃除　推定相続人が一定の事由により相続権を失ったことを指します。欠格・廃除となった推定相続人に子や孫がいる場合は、代襲相続が発生している可能性があります。
⑫　代襲相続　被相続人の子または兄弟姉妹が、相続が開始するより前に死亡していた、または欠格・廃除により相続権を失っていた場合に、子や孫（兄弟姉妹の場合、昭和56年以後は子まで）が相続人となります。
⑬　数次相続　被相続人の相続手続において、遺産分割協議などが終わる前に相続人が死亡して新たな相続が発生したことを指します。相続人の子や兄弟姉妹が相続人となる可能性があります。
⑭　同時死亡の推定　同時死亡の推定が働く場合、同時に死亡した者の間では相続が発生しません。
　　同時死亡の推定には、戸籍の死亡日時分の記載とどちらが優先するかという問題があります。この問題については、戸籍の記載が死亡診断書に基

づく場合は戸籍が、死体検案書に基づく場合は同時死亡の推定が優先するという説が有力です。

身分に関する記載事項

⑮　養子縁組　普通養子縁組の場合、実親と養子の相続関係は変わりませんが、特別養子縁組の場合、実親と養子の相続関係は失われます。

　普通養子縁組では、単身者が養子となる場合、養親の現在の戸籍に養子を記載する方法、養親の新しい戸籍を作成して養子を記載する方法、もともと養子が記載されている養親の戸籍の身分事項欄に養子縁組の事実を記載する方法があります。

　また、既婚者が養子となる場合、養子が筆頭者であれば養子の新しい戸籍を作成する方法が、養子が配偶者であれば現在の戸籍の身分事項欄に養子縁組の事実を記載する方法がとられます。

　特別養子縁組では、初めに養子の新しい戸籍を作成し、次に養親の戸籍に養子を記載します。このようにすることで養親の戸籍を見ても実親がわからないようにしています。

⑯　認知　非嫡出子である子が生まれた場合、母の戸籍に子が記載されます。父が子を認知すると、父と子の間に相続関係が生じ、父の戸籍の身分事項欄に認知の事実が記載されますが、母の戸籍にも子の記載が残ります。子が家庭裁判所に子の氏の変更許可を申立て、許可を得て入籍届を提出すると、子は母の戸籍から除籍され、父の戸籍に記載されます。

⑰　胎児　胎児は生きて生まれてきた場合、相続が開始した時点で相続権があります。胎児が存在する場合、相続税の申告が不要であれば一般的には胎児が生まれるまで待って相続手続を進めます。

　なお、胎児の相続能力について、判例（大判昭和7年10月6日民集第11巻2023頁）は、胎児が生きて生まれると相続が開始した時点に遡って相続権の主体になるとする停止条件説をとります。

　これに対して登記実務では、胎児は相続が開始した時点から相続権の主体となるが、胎児が死んで生まれると遡って相続能力を失うとする解除条件説をとり、胎児の名義による相続登記を認めています。

■難読字・旧字の読み方
　戸籍には一般的ではない漢字や仮名文字が用いられている場合が多くあります。戸籍に読み取れない文字があったときは、辞典・辞書、インターネット上の検索サービスなどで似た文字を調べます。
　調べても分からないときは、類似の書体や地元の地名の読み取りに慣れている、本籍地の市区町村の戸籍担当者に問い合わせます。転籍前の戸籍については、前の本籍地の市区町村の戸籍担当者に問い合わせます。
　文字がくずれていて読めないときは、他の戸籍の記載の仕方を参考にしながら内容を推測します。

漢数字（大字）
　漢数字の大字とは、数字の改ざんを防ぐために用いられる漢数字の表記です。明治から昭和の初めにかけての戸籍では、日付などの記載に大字が頻繁に使用されています。日付の記載では「壱、弐、参、拾」がよく見られます。

変体仮名（異体仮名）
　変体仮名とは、仮名文字の異体字です。変体仮名は、主に女性の名前を表記するために用いられましたが、昭和23年の戸籍法施行後は、人名として用いることはできなくなりました。

くずし字（草書体）
　くずし字とは、漢字と仮名文字をくずして書いたものです。戸籍が手書きで作成されていた時期には、素早く文字を書くため、くずし字を用いる場合がありました。

異体字
　異体字とは、一般的な漢字と同じ意味と読みをもつものの、字体が異なるものです。氏名に異体字が含まれる場合、戸籍上の氏名と日常的に使用されている氏名で文字が異なることがあります。異体字は、氏名のほか、地名の記載に「縣（県）、區（区）、條（条）、當（当）」などがよく見られます。

【図表11　難読字・旧字の例】

変体仮名（異体仮名）

漢数字（大字）

0	零	
1	壱	壹 弌
2	弐	貳 弍
3	参	參 弎
4	肆	
5	伍	
6	陸	
7	漆	質 柒
8	捌	
9	玖	
10	拾	什
20	廿	卄
30	卅	丗
100	陌	佰
1,000	阡	仟
10,000	萬	

異体字

斉　斎　齊　齋
剣　劍　劍　劒
辺　邊　邉
多　夛
高　髙

■事案別の戸籍の例

配偶者と子が相続人となる事案

　配偶者と子が相続人となること、相続人となる子が他にいないことを確認するため、①被相続人の出生から死亡までの戸籍謄本等が必要となります。

配偶者と子が生存していることを確認するため、③相続人である配偶者と子の現在の戸籍謄本等が必要となります。
①　被相続人の出生から死亡までの戸籍謄本等
②　被相続人の住民票の除票または戸籍の附票
③　相続人である配偶者と子の現在の戸籍謄本等
④　相続人である配偶者と子の住民票または戸籍の附票

配偶者と兄弟姉妹が相続人となる事案

　配偶者が相続人となること、相続人となる子がいないことを確認するため、①被相続人の出生から死亡までの戸籍謄本等が必要となります。
　父母が相続人とならないこと、兄弟姉妹が相続人となること、相続人となる兄弟姉妹が他にいないことを確認するため、③父母の出生から死亡までの戸籍謄本等が必要となります。
　配偶者と兄弟姉妹が生存していることを確認するため、④相続人である配偶者と兄弟姉妹の現在の戸籍謄本等が必要となります。
　⑤相続人である兄弟姉妹の住民票は、通常、兄弟姉妹の委任状がなければ取得できませんが、⑤相続人である兄弟姉妹の戸籍の附票は、配偶者の委任状があれば取得できます。
①　被相続人の出生から死亡までの戸籍謄本等
②　被相続人の住民票の除票または戸籍の附票
③　父母の出生から死亡までの戸籍謄本等
④　相続人である配偶者と兄弟姉妹の現在の戸籍謄本等
⑤　相続人である配偶者と兄弟姉妹の住民票または戸籍の附票

代襲相続により孫が代襲相続人となる事案

　相続人となる配偶者と子がいないことを確認するため、①被相続人の出生から死亡までの戸籍謄本等が必要となります。
　孫が代襲相続人となること、代襲相続人となる孫が他にいないことを確認するため、③被代襲者の出生から死亡までの戸籍謄本等が必要となります。
　孫が生存していることを確認するため、④代襲相続人である孫の現在の戸

籍謄本等が必要となります。
① 被相続人の出生から死亡までの戸籍謄本等
② 被相続人の住民票の除票または戸籍の附票
③ 被代襲者の出生から死亡までの戸籍謄本等
④ 代襲相続人である孫の現在の戸籍謄本等
⑤ 代襲相続人である孫の住民票または戸籍の附票

二次相続により子の配偶者と孫が相続人となる事案
　子が相続人となること、相続人となる配偶者と子が他にいないことを確認するため、①被相続人の出生から死亡までの戸籍謄本等が必要となります。
　子の配偶者と孫が二次相続人となること、二次相続人となる子が他にいないことを確認するため、③相続人である子の出生から死亡までの戸籍謄本等が必要となります。
　子の配偶者と孫が生存していることを確認するため、④二次相続人である子の配偶者と孫の現在の戸籍謄本等が必要となります。
① 被相続人の出生から死亡までの戸籍謄本等
② 被相続人の住民票の除票または戸籍の附票
③ 相続人である子の出生から死亡までの戸籍謄本等
④ 二次相続人である子の配偶者と孫の現在の戸籍謄本等
⑤ 二次相続人である子の配偶者と孫の住民票または戸籍の附票

配偶者と被相続人の前妻との間の子が相続人となる事案
　配偶者と子が相続人となること、相続人となる子が他にいないことを確認するため、①被相続人の出生から死亡までの戸籍謄本等が必要となります。配偶者と子が生存していることを確認するため、③相続人である配偶者と子の現在の戸籍謄本等が必要となります。
① 被相続人の出生から死亡までの戸籍謄本等
② 被相続人の住民票の除票または戸籍の附票
③ 相続人である配偶者と子の現在の戸籍謄本等
④ 相続人である配偶者と子の住民票または戸籍の附票

2　相続関係説明図の作成

相続関係説明図は、相続人と被相続人の関係を明らかにする情報を記載した書類です。相続関係説明図は、金融機関で相続手続を行う、法務局で相続登記を行うといった場合に提出する必要があります。

このような書類を作成しておくことで、相続手続の関係者は、複雑な相続関係であっても正確に把握できるようになります。

相続人調査により戸籍が収集できたときは、戸籍を読み取り、明らかになった内容を基に相続関係説明図を作成します。

■相続関係説明図の記載内容

相続関係説明図には、定められた書式はありませんが、一般的に次のような内容を記載します（図表12、13）。

説明図の冒頭には、表題および作成者の氏名、表題の下には①～③の情報を箇条書きで記載します。

相続登記が必要となる場合に、被相続人と登記簿名義人が同一であることを明らかにするため、③被相続人の登記簿上の住所を記載します。

④被相続人の情報および⑤相続人の情報は、人ごとにまとめて記載し、婚姻関係にある者は二重線で、親子関係にある者は一本線でつなぎ、家系図のような樹形図形式で記載します。

相続登記の際に、登記官が戸籍の原本を還付することを確認するため、説明図の末尾に⑥「相続を証する書面は還付した」などの文言と押印欄を記載します。

①　被相続人の本籍（最後の本籍）
②　被相続人の住所（最後の住所）
③　被相続人の登記簿上の住所
④　被相続人の氏名、生年月日・死亡年月日
⑤　相続人の氏名、生年月日、被相続人との続柄（関係）
⑥　「相続を証する書面は還付した」などの文言と押印欄

【図表12　相続関係説明図の例1】

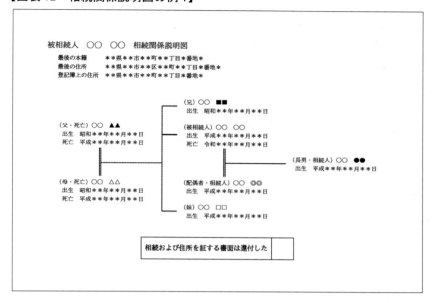

【図表13　相続関係説明図の例2】

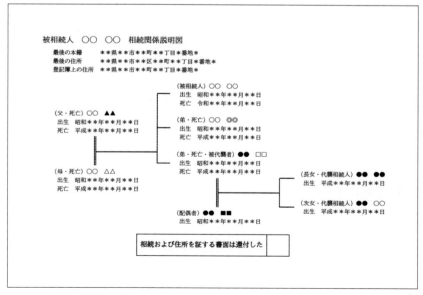

相続関係説明図の記載の注意点

相続関係説明図には、すべての相続関係を明らかにするため、法定相続人である親族を全員記載します。また、受遺者、特別寄与者、法定相続人から相続分の譲渡を受けた者などの法定相続人ではない者を記載する場合もあります。

例として、被相続人が再婚しており、前妻との間に法定相続人である子がいる場合は、被相続人と子との関係を明らかにするため、法定相続人ではない前妻も記載します。このような場合、法定相続人ではない者は、氏名および被相続人との続柄のみを記載します。

相続関係説明図に記載する者には、相続関係を明らかにするために身分を記載します。被相続人には「被相続人」、相続人には「相続人」または「相続」、代襲相続が発生している場合は「代襲相続人」または「代襲相続」と記載します。

相続人とならない者がいる場合は、相続時にすでに亡くなっているのであれば、「死亡」または「亡」および死亡年月日を、相続放棄するのであれば、「相続放棄」または「放棄」と記載します。

司法書士に相続登記の申請を依頼する場合は、一般的な記載内容に加えて、法定相続分または遺産分割協議に基づく相続分を記載します。また、相続人が承継する財産を記載する場合もあります。どのような内容を記載するかは、司法書士の指示に従います。

■相続関係説明図の例

ここでは、典型的な相続の事例を基に、どのように相続関係説明図を作成するか解説します。

相続人が配偶者と子1名の場合

相続人が配偶者と子1名の場合、被相続人と配偶者を二重線でつなぎ、そこから一本線で子1名をつなぎます。

被相続人には「被相続人」、配偶者には「配偶者　相続人」、子1名には「続柄（長男、長女）　相続人」を記載します。

相続人が配偶者と子2名の場合

　相続人が配偶者と子2名の場合、被相続人と配偶者を二重線でつなぎ、そこから一本線を分岐して子2名をつなぎます。
　被相続人には「被相続人」、配偶者には「配偶者　相続人」、子2名には「続柄（長男、長女など）　相続人」を記載します。

相続人が配偶者と被相続人の親2名の場合

　相続人が配偶者と被相続人の親2名の場合、親2名を二重線でつなぎ、そこから一本線で被相続人をつなぎます。そして、被相続人と配偶者を二重線でつなぎます。
　被相続人には「被相続人」、配偶者には「配偶者　相続人」、親2名には「続柄（父、母）　相続人」を記載します。

相続人が配偶者と被相続人の兄弟姉妹2名の場合

　相続人が配偶者と被相続人の兄弟姉妹2名の場合、被相続人の親2名を二重線でつなぎ、そこから一本線を分岐して被相続人と兄弟姉妹2名をつなぎます。そして、被相続人と配偶者を二重線でつなぎます。
　被相続人には「続柄（長男、長女など）　被相続人」、配偶者には「配偶者　相続人」、親2名には「続柄（父、母）　死亡」、兄弟姉妹2名には「続柄（長男、長女など）　相続人」を記載します。

相続人が子1名、代襲相続人が孫2名の場合

　相続人が子1名と代襲相続人である孫2名の場合、被相続人と配偶者を二重線でつなぎ、そこから一本線を分岐して子2名をつなぎます。そして、子1名と配偶者を二重線でつなぎ、そこから一本線を分岐して孫2名をつなぎます。
　被相続人には「被相続人」、配偶者には「配偶者　死亡」、相続人である子1名には「続柄（長男、長女など）　相続人」、すでに死亡している子1名には「続柄（長男、長女など）　死亡」、その配偶者には「配偶者」、孫2名には「孫　代襲相続人」を記載します。

3　法定相続情報証明制度

　法定相続情報証明制度※は、相続人が相続関係を明らかにする一覧図（法定相続情報一覧図）および戸籍謄本等を登記所に提出すると、一覧図が法律で定められた相続関係に合致していることを登記官が確認した上で、一覧図に認証文を付与して交付する制度です。

　認証文の付与された一覧図は、相続登記などの手続において、戸籍謄本等の代わりに提出することができます。法定相続情報証明制度を利用すると、相続手続で提出しなければいけない書類を減らすことができ、また複数の手続先に同時に書類を提出できます。手続によっては、一覧図に記載された法定相続情報番号により書類の提出を省略できます。

　そのため、①相続関係が複雑で相続人の数が膨大になる事案や、②相続手続を行う金融機関が多数ある事案、③相続財産の中に不動産が複数あり、それぞれ異なる法務局の管轄地域に存在しているなど、複数の登記所で手続を行う必要がある事案で制度を活用するとよいでしょう。

　認証文の付与された一覧図の交付を申し出るときは、戸籍謄本等の書類を用意した上で、一覧図を作成し、申出書と共に管轄の登記所（法務局）の窓口または郵送で提出します。

　認証文の付与された一覧図は無料で複数部の交付を受けられ、5年間は再交付を受けられます。

　認証文の付与された一覧図は、通常、当初の申出の場合は、申出より2～7日後に、再交付の申出の場合は、申出当日に交付を受けられます。

　ただし、提出した書類に不備・不足がある場合や登記所が混雑している場合は、それ以上の期間がかかる可能性があります。

　そのため、提出を予定する手続があることが判明した場合は、戸籍謄本などの書類の用意ができてから直ちに申出をしたほうがよいでしょう。

※　法務局「『法定相続情報証明制度』について」
　（https://houmukyoku.moj.go.jp/homu/page7_000013.html）

■法定相続情報一覧図の交付の申出に必要となる書類

法定相続情報一覧図の交付の申出には、次の書類が必要となります。
① 法定相続情報一覧図
② 被相続人の出生から亡くなるまでの戸籍謄本および除籍謄本
③ 被相続人の住民票の除票、または住民票の除票を取得できない場合は、被相続人の戸籍の附票
④ 被相続人が亡くなった日以降の相続人全員の戸籍謄本または抄本
⑤ 申出人の氏名および住所を確認できる公的書類（本人確認書類）
⑥ 一覧図に相続人の住所を記載する場合は、各相続人の住民票記載事項証明書（住民票の写し）、印鑑証明書または戸籍の附票
⑦ 委任による代理人が申出の手続をする場合は、委任状および、①または③では親族関係がわからない親族が代理する場合は、申出人と代理人が親族関係にあることがわかる戸籍謄本、または資格者代理人が代理する場合は、資格者代理人団体所定の資格証明書の写し等

登記所の管轄地

法定相続情報一覧図の交付の申出は、次のいずれかの地を管轄する登記所に行います。
① 被相続人の本籍地
② 被相続人の最後の住所地
③ 申出人の住所地
④ 被相続人名義の不動産の所在地

■法定相続情報一覧図の記載内容

法定相続情報一覧図には、戸籍謄本等から明らかになる相続関係を記載します。その際、次のような点に注意する必要があります。
① 相続開始前に亡くなっている者は記載しません。また、同時に死亡した者どうしも記載しません。
② 数次相続がある場合は、被相続人ごとに一覧図を作成する必要があります。

③ 相続の放棄および推定相続人の欠格は戸籍に記載されないため、放棄の事実は記載しません。相続を放棄した者または欠格となった者は記載しますが、相続人として記載します。
④ 推定相続人の廃除は戸籍に記載されるため、廃除となった者は記載しません。代襲相続が発生する場合は、代襲相続人との関係を示すため廃除となった者も記載しますが、相続人ではなく被廃除者として記載します。
⑤ 離婚した元配偶者、内縁・事実婚の配偶者は記載しません。
⑥ 胎児は記載しません。
⑦ 遺産分割は記載しません。

4　財産の調査（相続財産調査）

相続財産調査は、被相続人にどのような財産があるか確定する作業です。相続財産調査で確定した財産の内容は、相続財産目録にまとめます。

相続財産調査で収集した情報は、相続放棄および限定承認、遺産分割協議、相続税の申告、相続登記などを判断するために欠かせません。

特に相続放棄および限定承認は、相続人が自己のために相続の開始があったことを知った時から3か月以内に行う必要があるため、相続財産調査は迅速に行うことが求められます。

相続財産に含まれる財産の例

相続財産調査では、相続財産に含まれる正の財産および負の財産が調査の対象となります。

正の財産	預貯金、有価証券（株式、投資信託、国債、社債）、不動産（土地、建物）、不動産上の権利（地上権、抵当権、賃借権）、動産（自動車、貴金属、宝飾品、美術品、骨董品、家財）、その他の財産（現金、還付金、出資金、売掛金債権、賃金債権、保険金請求権、給付金請求権、損害賠償請求権）
負の財産	借入金債務、買掛金債務、保証債務、公租公課、損害賠償義務

相続財産に含まれない財産の例

　相続財産に含まれない財産は、一般的には調査の対象となりません。ただし、生命保険金※や死亡退職金といった、被相続人が亡くなったことを契機として相続人が受け取る財産（みなし相続財産）のように、相続税の申告に影響するものについては調査の必要があります。

※生命保険金は、受取人として被相続人を指定していた場合は、相続財産に含まれます。

　一身専属権、生命保険金、死亡退職金、遺族年金、祭祀財産、葬儀費用

(1)　預貯金の調査

　預貯金の調査では、金融機関に被相続人の預貯金の残高や取引履歴の開示を求めます。

　被相続人の記帳されている通帳がある場合は、通帳の記載内容を確認することにより口座の残高や取引履歴を確認できますが、通帳がない場合や通帳に記帳されていない場合は、開示を求める必要があります。

■金融機関に請求する書類

　預貯金の調査では、金融機関に残高証明書および取引履歴を請求します。

　残高証明書は、金融機関が特定の日付の預貯金の残高を証明する書類です。

　また、取引履歴は、金融機関により取引明細や入出金明細とも呼ばれ、金融機関が特定の期間に行われた取引の内容を証明する書類です。

　預貯金の調査では、通常は相続開始日時点の預貯金の額を確定するため、相続開始日の残高証明書（図表14）を請求します。

　ただし、相続人の1人が被相続人の通帳を管理して入出金を行っていたような場合は、相続開始日前後の取引の流れを知る必要があります。

　このような場合は、相続開始日と現在の残高証明書および相続人が通帳の管理を始めた時期から現在までの取引履歴（図表15）を請求します。

　また、相続税の申告が必要となる場合は、相続税に影響のある取引を調査するため、通常は過去5年間、事案により過去7～10年間の取引履歴が必要となります。

第1章　基礎調査

【図表14　残高証明書の例】

残高証明書

〇〇　〇〇　様
取引店　　＊＊＊＊支店（＊＊＊）

　　　　　　　　　　　　　　　　　　　　　　　　　＊＊銀行
　　　　　　　　　　　　　　　　　　　　　　　　　＊＊＊＊支店
　　　　　　　　　　　　　　　　　　　　　　　　　＊＊＊－＊＊＊－＊＊＊＊

令和＊年＊月＊日現在におけるあなた様ご名義の残高は下記の通りであることを証明します。

記

種類	通貨	口座番号	金額	備考
普通預金	円	＊＊＊－＊＊＊＊＊＊＊	5,260,000円	
			以下余白	

以上

【図表15　取引明細書の例】

取引明細書

〇〇　〇〇　様
種類（口座番号）　普通預金（＊＊＊－＊＊＊＊＊＊＊）
取引明細期間　　＊＊年＊月＊日　～　＊＊年＊月＊日

　　　　　　　　　　　　　　　　　　　　　　　　　＊＊銀行
　　　　　　　　　　　　　　　　　　　　　　　　　＊＊＊＊支店
　　　　　　　　　　　　　　　　　　　　　　　　　＊＊＊－＊＊＊－＊＊＊＊

令和＊年＊月＊日現在におけるあなた様ご名義の取引明細は下記の通りでございます。

記

取引日	取引種類	お引出し額	お預け入れ額	残高	備考
＊＊＊＊＊＊	出金	7350		5,191,457	
＊＊＊＊＊＊	入金		100,000	5,291,457	
＊＊＊＊＊＊	出金	4300		5,287,157	
＊＊＊＊＊＊	出金	2157		5,285,000	
＊＊＊＊＊＊	出金	25,000		5,260,000	
				以下余白	

以上

■預貯金の調査の方法

　預貯金の調査を行うには、被相続人のすべての口座について金融機関名、店舗名または店舗番号、口座番号を取得しておく必要があります。これらの情報は、通常は通帳やカードに記載されています。

　通帳やカードが見つからない場合は、入出金明細、金融機関名が書かれた日記、郵便物、名刺、粗品などを手掛かりにします。

　被相続人がネット銀行を利用していた場合は、メールの履歴、ウェブブラウザの閲覧履歴やブックマークなどを手掛かりにします。

　このような手掛かりがない場合は、被相続人の居住していた地域でよく利用されている金融機関を調査します。

　口座の有無や店舗名がわからない場合は、ある程度、金融機関の目星がついた段階で、全店照会という方法を利用して、その金融機関のすべての店舗の口座を調査してもらいます。これにより、口座の有無や店舗名を明らかにすることができます。

　なお、ゆうちょ銀行では、全店照会の方法による口座の調査が利用できません。その代わりとして、ゆうちょ銀行では、残高証明書および取引履歴を請求する前に、被相続人が開設している口座の有無を調べる、現存調査（貯金の有無の調査）を行います。

　令和6年に施行された口座管理法に基づいて、令和7年4月から、金融機関が個人番号（マイナンバー）を利用して管理している被相続人の口座については、相続人が一括して照会できるようになりました。

■預貯金の調査に必要となる書類

　金融機関に残高証明書および取引履歴を請求するときは、一般的に次の書類が必要となります。ゆうちょ銀行に現存調査を請求するときにも、同様の書類が必要となります。

　多数の金融機関で預貯金の調査を行う必要がある場合は、並行して調査を行えるよう、委任状および印鑑登録証明書を複数枚用意します。

① 被相続人に関する書類
　(i) 被相続人の出生から死亡までの戸籍謄本等

(ⅱ)　通帳、カード等
②　相続人に関する書類
　(ⅰ)　相続人代表者からの委任状　相続人は単独で請求ができるため、相続人の1人からの委任状があれば足ります。委任状には実印での押印が必要です。
　(ⅱ)　印鑑登録証明書　金融機関により3～6か月以内に発行された証明書が必要です。
　(ⅲ)　相続人の戸籍謄本等および相続関係説明図、または認証文を付与された法定相続情報一覧図
　(ⅳ)　本人確認書類の写し
③　代理人に関する書類
　(ⅰ)　職印証明書
　(ⅱ)　資格証明書

■**預貯金の調査にかかる期間**

　金融機関が近隣にある場合は、直接店舗に赴いて手続を行うことができます。ただし、金融機関や店舗によっては事前の予約が必要となる場合があります。

　金融機関が遠方にある場合は、郵送により手続を行うため、書類の送付にかかる期間を考慮する必要があります。

　一般的な金融機関の場合、残高証明書および取引履歴の取得には、請求から1～2週間かかります。

　ゆうちょ銀行の場合、事前の現存調査（貯金の有無の調査）には、請求から1～2週間かかり、残高証明書および取引履歴の取得には、さらに1～2週間かかります。

　依頼者に預貯金の調査にかかる期間を説明する際には、店舗の場所やゆうちょ銀行の貯金の有無を考慮して、期間を説明する必要があります。

■**注意すべき事項**

　残高証明書および取引履歴を請求する場合、発行手数料を支払う必要があ

ります。発行手数料は、金融機関によって異なり、一般的には請求する期間に応じてかかるため、取引履歴を請求する期間が長期間になるときは、発行手数料が高額になる可能性があります。

　相続税の申告などの目的で長期間の取引履歴を請求する場合は、どの程度の発行手数料がかかるのか依頼者に説明しておく必要があります。

　預貯金の調査を行うと、金融機関は被相続人が亡くなったことが分かるため、口座を凍結して取引を停止します。これにより入出金ができなくなり、口座からの引き落としや口座への振り込みができなくなります。

　被相続人が口座から公共料金やクレジットカードの利用料金を引き落としていた場合は、名義を変更する、解約する、サービスを停止するといった対応が求められます。

　また、口座からの支払いができなかった場合は、料金の支払いを求める請求書などが被相続人宛てに送付されます。このとき、相続人は未払いの料金を支払う必要があります。ただし、相続人が相続放棄または限定承認をする場合は、料金を支払わないよう説明しておく必要があります。

休眠預貯金の扱い

　長期間にわたり入出金などの取引が行われていない預貯金は、一定の期間の経過により債権の消滅時効にかかります。ただし、金融機関の実務では、記録の確認できる預貯金について消滅時効の援用を行わないという対応がとられてきました。

　2018年に休眠預金活用法が施行されたことにより、最後の取引が2009年（平成21年）1月1日以降であり、かつ最後の取引から10年以上取引のない預貯金は、休眠預金等として預金保険機構に移管され、民間公益活動に活用されることになりました[※1]。

　なお、旧郵便貯金法の規定により、2007年（平成19年）9月30日以前に預けられた郵便貯金については、満期後20年2か月を経過すると債権が消滅します[※2]。

　休眠預貯金がある場合は、預貯金の調査に通常よりも時間がかかる可能性があります。

※1　金融庁「長い間、お取引のない預金等はありませんか？」
　　　（https://www.fsa.go.jp/policy/kyuminyokin/kyuminyokin.html）
※2　ゆうちょ銀行「長期間ご利用のない貯金のお取り扱いについて」
　　　（https://www.jp-bank.japanpost.jp/kaisetu/basicinfo/kat_bi_specialsystem.html）

金融機関や店舗が存在しない場合

　金融機関同士の合併・分割や店舗の統廃合により、通帳を発行した金融機関や店舗が既に存在しない場合があります。このような場合は、元の金融機関や店舗の業務を承継した金融機関や店舗を確認した上で預貯金の調査を行う必要があります。

(2) 有価証券の調査

　有価証券としては、株式、投資信託、債券（国債、社債）、手形、小切手などがあります。ここでは、株式・投資信託の調査について解説します。

　株式・投資信託の調査では、金融機関に被相続人の金銭・証券等の残高や取引履歴の開示を求めます。

■金融機関に請求する書類

　株式・投資信託の調査では、金融機関に残高証明書および取引履歴を請求します。

　残高証明書は、金融機関が特定の日付の預けられている金銭および株式等の残高を証明する書類です。

　また、取引履歴は、金融機関により顧客勘定元帳や顧客口座元帳とも呼ばれ、金融機関が特定の期間に行われた取引の内容を証明する書類です。

　株式・投資信託の調査では、通常は相続開始日時点の金銭および株式等の額を確定するため、相続開始日の残高証明書を請求します。

　相続税の申告が必要となる場合は、相続税に影響のある取引を調査するため、通常は過去5年間、事案により過去7〜10年間の取引履歴が必要となります。

第1編　相続手続業務

【図表16　残高証明書の例】

残高証明書

〇〇　〇〇　様
取引店　　＊＊＊＊支店（＊＊＊）
口座番号　＊＊＊－＊＊＊＊＊＊＊

＊＊証券
＊＊＊＊支店
＊＊＊－＊＊＊－＊＊＊＊

令和＊年＊月＊日現在における上記口座の金銭および証券等の残高は下記の通りであることを証明します。

記

種類	区分	銘柄	数量	基準価額	備考
金銭		お預り金	0円		
株式等	特定	＊＊＊＊＊＊	10,000株	492円	
株式等	一般	＊＊＊＊＊＊＊＊	2,000株	253円	
自動継続投資口	特定	＊＊＊＊	1,703,491口	1口当たり 1円	

以上

【図表17　取引履歴の例】

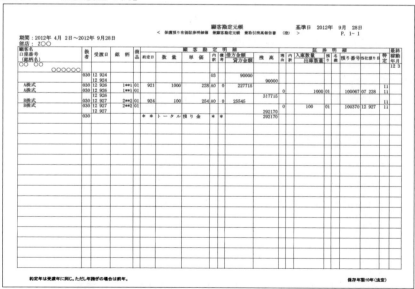

（SBI証券「個人情報に関する開示等請求のお手続きの流れ　顧客勘定元帳のサンプル」より）

45

■株式・投資信託の調査の方法

　株式・投資信託の調査を行うには、被相続人のすべての口座について金融機関名、店舗名または店舗番号、口座番号を取得しておく必要があります。

　これらの情報は、通常は通帳、カード、取引報告書に記載されています。

　それらが容易に見つからない場合は、目論見書、運用報告書などを手掛かりにして、被相続人が口座を保有している金融機関を特定します。

　それでも必要な情報が明らかにならない場合には、一般的に株式・投資信託口座では預金口座と異なり全店照会による調査が利用できないため、証券保管振替機構（ほふり）に登録済加入者情報の開示請求※を行い、調査に必要な情報を明らかにする必要があります。

　単元未満株式のように株式によっては、信託銀行等に開設された特別口座で管理されている場合があります。管理されている株式は、信託会社等における調査に加えて、株主名簿管理人における調査も必要になります。

　株主名簿管理人は、旧商法の名義書換代理人に相当し、証券代行機関や株式事務代行機関とも呼ばれます。通常は会社から委託を受けた証券会社などが株主名簿管理人となります。

※　証券保管振替機構「登録済加入者情報の開示請求」

　（https://www.jasdec.com/procedure/shareholders/disclosure/index.html）

■株式・投資信託の調査に必要となる書類

　金融機関に残高証明書および取引履歴を請求するときは、一般的に次の書類が必要となります。

　多数の金融機関で株式・投資信託の調査を行う必要がある場合は、並行して調査を行えるよう、委任状および印鑑登録証明書を複数枚用意します。

①　被相続人に関する書類

（i）　被相続人の出生から死亡までの戸籍謄本等

（ii）　通帳、カード等　一般的に証券会社の場合は通帳が発行されませんが、銀行の場合は通帳が発行されることがあります。

②　相続人に関する書類

（i）　相続人代表者からの委任状　相続人は単独で請求ができるため、相続

人の一人からの委任状があれば足ります。委任状には実印での押印が必要です。
　(ⅱ)　印鑑登録証明書　金融機関により3～6か月以内に発行された証明書が必要です。
　(ⅲ)　相続人の戸籍謄本等および相続関係説明図、または認証文を付与された法定相続情報一覧図
　(ⅳ)　本人確認書類の写し
③　代理人に関する書類
　(ⅰ)　職印証明書
　(ⅱ)　資格証明書

■株式・投資信託の調査にかかる期間

　金融機関が近隣にある場合は、直接店舗に赴いて手続を行うことができます。ただし、金融機関や店舗によっては事前の予約が必要となる場合があります。

　金融機関が遠方にある場合は、郵送により手続を行うため、書類の送付にかかる期間を考慮する必要があります。

　一般的な金融機関の場合、残高証明書および取引履歴の取得には、請求から1～2週間かかります。

　依頼者に株式・投資信託の調査にかかる期間を説明する際には、店舗の場所を考慮して期間を説明する必要があります。

■証券保管振替機構の調査の方法

　証券保管振替機構の調査を行うには、必要書類を郵送して登録済加入者情報の開示請求をします。

　開示される登録済加入者情報には、被相続人が口座を保有している金融機関の名称と加入者を特定する加入者口座コードのみが記載され、金銭および株式等の残高や取引履歴などの情報は含まれないため、別途、金融機関における調査が必要です。

　登録済加入者情報の開示には、請求から2～3週間かかります。その後の

金融機関における調査と併せると1か月前後の期間がかかります。

■登録済加入者情報の開示請求に必要となる書類
　証券保管振替機構に登録済加入者情報の開示請求をするときは、次の書類が必要となります。
① 　被相続人に関する書類
　（ⅰ）　被相続人の出生から死亡までの戸籍謄本等
② 　相続人に関する書類
　（ⅰ）　相続人代表者からの委任状　相続人は単独で請求ができるため、相続人の1人からの委任状があれば足ります。委任状には実印での押印が必要です。
　（ⅱ）　印鑑登録証明書　6か月以内に発行された証明書が必要です。
　（ⅲ）　相続人の戸籍謄本等および相続関係説明図、または認証文を付与された法定相続情報一覧図
　（ⅳ）　本人確認書類の写し
③ 　代理人に関する書類
　（ⅰ）　資格証明書の写し

(3) 不動産の調査

　不動産の調査では、不動産の場所（住所、土地の所在・地番、建物の所在・家屋番号）、不動産の詳細（土地の地目・地積、建物の種類・構造・床面積など）、不動産の評価額を明らかにします。
　不動産の調査は、①不動産を特定したうえで、②不動産の情報を取得して、③不動産を評価するという流れで行います。

■不動産の特定
　不動産を特定するときは、まず被相続人宛ての固定資産税納税通知書（図表18、19、20）を確認します。
　固定資産税納税通知書は、不動産の所在地の市区町村から被相続人に送付されるため、被相続人が全国に所有している不動産の情報を確認することが

できます。市区町村によって書式は異なりますが、固定資産税納税通知書および併せて送付される課税明細書には、固定資産税の課税対象となる不動産の場所・詳細・評価額、前年度と当年度の課税標準額、税額などが記載されています。

　固定資産税納税通知書は、固定資産税を課されない不動産については発行されません。そのため、固定資産税納税通知書がないからといって所有している不動産が存在しないとは限りません。

　不動産の住所はわかるが土地の地番がわからない場合は、住所から地番を調べます。登記済証や登記識別情報通知がある場合は、それらに記載されている地番を調べます。

　また、不動産の所在地の市区町村に固定資産課税台帳を請求します。

　特に次のような場合は、固定資産課税台帳を取得する必要があります。

① 　固定資産税納税通知書を紛失している場合
② 　固定資産税を課されない不動産がある場合
③ 　不動産投資を行っている場合
④ 　共有名義の不動産がある場合

【図表18　固定資産税納税通知書の例①】

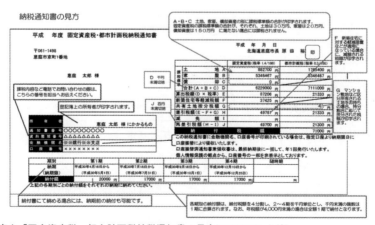

（恵庭市「固定資産税・都市計画税納税通知書の見方について」より）

第1章　基礎調査

【図表19　固定資産税納税通知書の例②】

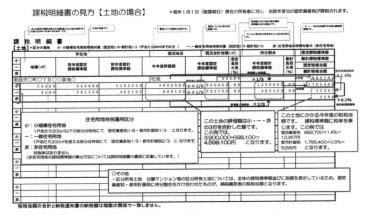

（恵庭市「固定資産税・都市計画税納税通知書の見方について」より）

【図表20　固定資産税納税通知書の例③】

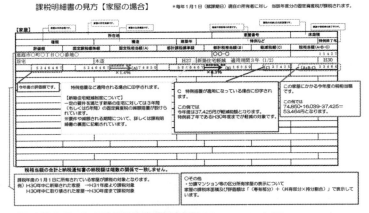

（恵庭市「固定資産税・都市計画税納税通知書の見方について」より）

固定資産課税台帳の請求

　固定資産課税台帳（名寄帳）は、固定資産の状況および価格を明らかにするための書類です（図表21、22、23）。

　市区町村によっては、固定資産税課税台帳に、固定資産納税通知書が発行

されない、固定資産税が非課税の不動産も記載している場合があります。

　固定資産課税台帳は、請求先の市区町村に存在する不動産のみが記載されるため、被相続人が複数の市区町村に不動産を所有している場合は、それぞれの市区町村に固定資産課税台帳を請求しなければいけません。

　相続税の申告を行う場合は、すべての不動産をもれなく調査するため、被相続人が以前に住んでいた、すべての市区町村に固定資産課税台帳を請求する場合があります。

　市区町村に固定資産課税台帳を請求するときは、一般的に次の書類が必要となります。

① 被相続人に関する書類
　(ⅰ) 被相続人の出生から死亡までの戸籍謄本等
② 相続人に関する書類
　(ⅰ) 相続人代表者からの委任状　相続人は単独で請求ができるため、相続人の一人からの委任状があれば足ります。
　(ⅱ) 相続人の戸籍謄本等および相続関係説明図、または認証文を付与された法定相続情報一覧図
③ 代理人に関する書類
　(ⅰ) 資格証明書の写し

【図表21　固定資産税課税台帳の例1】

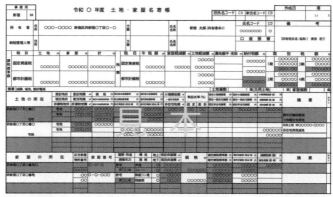

（東京都主税局「様式の見本」より）

【図表 22　固定資産税課税台帳の例 2】

令和〇年度 土地課税台帳

土地の所在	西新宿〇丁目〇番〇			
登記年月日	平成〇年〇月〇日	登記原因		
住所	新宿区西早稲田〇－〇〇－〇			
氏名又は名称 (所有者、質権者、地上権者)	都庁 一郎			
	年月日	地目	地積 ㎡	
登記	平成〇年〇月〇日	[illegible]	〇〇〇.〇〇	
現況	平成〇年〇月〇日	[illegible]	〇〇〇.〇〇	
年度	価[illegible]		〇〇〇〇〇〇〇〇円	
	課税標準の特例額（該当条文）		〇〇〇〇〇〇円	
	比準課税標準額		〇〇〇〇〇〇円	
	固定資産税課税標準額		〇〇〇〇〇〇円	
	都市計画税課税標準額		〇〇〇〇〇〇円	登録年月日 令和〇年〇月〇日
敷地権に係る事項 家屋所在 西新宿〇丁目〇番地 建物番号 〇〇〇－〇－〇				敷地権の種類

（日本産業規格A列4番）

（東京都主税局「様式の見本」より）

【図表 23　固定資産税課税台帳の例 3】

令和〇年度　家屋課税台帳

建物の所在	西新宿〇丁目〇番地						
家屋番号	〇〇〇－〇－〇						
登記年月日	平成〇年〇月〇日	登記原因					
住所	新宿区西早稲田〇－〇〇－〇						
氏名又は名称	都庁 一郎						
（賦課期日現在）	登記床面積 〇〇.〇〇 ㎡			現況床面積 〇〇.〇〇 ㎡			
登記	主符番	〇〇-〇	屋根 陸[illegible]根	附帯		床面積 ㎡	
	種類	居宅		登記日	平成〇年〇[illegible]日	〇〇.〇〇	
	構造	木造		原因	新築		
	地上 〇 階	地下 〇 階		原因日	平成〇年〇[illegible]		
現況	主符番	〇〇-〇	屋根 陸屋根	附帯		床面積 ㎡	
	用途	居宅		登録日	平成〇年〇月〇日	〇〇.〇〇	
	構造	木造		原因	新築		
	地上 〇 階	地下 〇 階		原因日	平成〇年〇月〇日		
令和〇年度	価格	〇〇〇〇〇〇〇〇円			登録年月日	摘要	
	特例額				令和〇年〇月〇日		

（日本産業規格A列4番）

（東京都主税局「様式の見本」より）

登記済証と登記識別情報通知

登記済証は、登記申請の際に登記所に提出された、不動産物権変動の事実を証明する登記原因証明情報（登記原因証書）に登記をしたことを示す法務局の印を押したものです。登記済証は、登記済権利証書などの名称が付けられていて、一般的には権利証などと記載された表紙が付けられています。登記済証には、売買を原因とする登記であれば、登記の原因となる売買の事実、売主と買主の住所と氏名、不動産の情報が記載されています。登記済証は、登記識別情報通知の導入にともない現在は廃止されています。

登記識別情報通知は、平成17年に施行された改正不動産登記法で登記済証に代わり導入されました。登記識別情報通知には、不動産の情報、登記名義人の住所と氏名、登記名義人の本人確認に使用する12桁の登記識別情報が記載されています。

【図表24　登記識別情報通知の例】

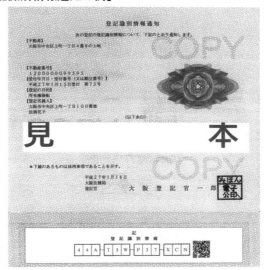

(法務省「登記識別情報通知書の様式の変更等について」より)

■不動産情報の取得

不動産を特定できたときは、特定した不動産の詳細な情報を取得します。

不動産の詳細な情報は、登記事項証明書（不動産登記簿謄本）[※1]および地図証明書により確認します。

これらの証明書は、法務局の登記所の窓口や郵送、法務省が運用している「登記・供託オンライン申請システム」[※2]で請求できます。

また、一般財団法人民事法務協会が運用している「登記情報提供サービス」[※3]で登記情報を閲覧できます。

[※1]　法務局「各種証明書請求手続」
　　　（https://houmukyoku.moj.go.jp/homu/category_00002.html）

※2 法務省「登記・供託オンライン申請システム」
　　（https://www.touki-kyoutaku-online.moj.go.jp/）
※3 一般財団法人民事法務協会「登記情報提供サービス」
　　（https://www1.touki.or.jp/）

登記事項証明書の記載内容

　登記事項証明書には、土地[※1]、建物[※2]、区分建物[※3]という3種類があり、記載内容が異なります（図表25、26、27）。

　戸建て住宅の場合は、土地と建物が別個の登記に記載されていますが、マンションなどの区分建物の場合は、原則として、区分所有者が単独所有している専有部分とそれに付随する敷地権が、区分建物の登記に記載されています。

※1 法務省　全部事項証明書（土地）の見本
　　（https://www.moj.go.jp/content/001309855.pdf）
※2 法務省　全部事項証明書（建物）の見本
　　（https://www.moj.go.jp/content/001309856.pdf）
※3 法務省　全部事項証明書（区分建物）の見本
　　（https://www.moj.go.jp/content/001309857.pdf）

共通する記載

　表題部の欄には、不動産の詳細な情報が記載されています。登記簿に記載されている不動産の情報が必要なときは、この欄を確認します。

　表題部の所有者の欄に記載されている者は、未登記の不動産について登記をできる者（表題部所有者）であり、所有者を調べるには権利部（甲区）を確認する必要があります。

　権利部（甲区）の欄には、所有権取得の日時と原因、所有者の住所と名前など、所有権に関する情報が記載されています。

　被相続人が亡くなった時点で不動産を所有しているか知りたいときは、この欄を確認します。

　権利部（乙区）の欄には、抵当権設定の日時と原因、抵当権者の住所と名前など、所有権以外の権利（地上権、地役権、抵当権、賃借権・借地権など）

に関する情報が記載されています。

　不動産に抵当権などが設定されているか知りたいときは、この欄を確認します。

　抹消登記の記載があるときは、権利は消滅しています。

　共同担保目録の欄には、共同抵当権などの目的となっている複数の不動産が記載されています。

　共同担保目録には、固定資産税を課されない不動産も記載されるため、被相続人が固定資産税納税通知書では判明しない不動産を所有していないか知りたいときは、この欄を確認します。

土地に特有の記載

　表題部（土地の表示）の欄には、土地の所在、地番、地目、地積などが記載されています。

建物に特有の記載

　表題部（主である建物の表示、附属建物の表示）の欄には、建物の所在、家屋番号、種類、構造、床面積などが記載されています。

区分建物に特有の記載

　表題部（一棟の建物の表示）の欄には、区分建物の所在、建物の名称、構造、床面積などが記載されています。また、表題部（専有部分の建物の表示）の欄には、専有部分の家屋番号、種類、構造、床面積などが記載されています。

　表題部（敷地権の目的である土地の表示）の欄には、敷地権が設定されている土地の所在、地番、地目、地積などが記載されています。また、表題部（敷地権の表示）の欄には、専有部分と結びついている敷地権の種類、割合などが記載されています。

　区分建物の敷地権の評価額を計算するときは、これらの欄を確認します。

　敷地権の表示の記載がないときは、登記事項証明書の記載を用いない方法で評価額を計算しなければいけません。

第1章 基礎調査

【図表25 登記事項証明書の例1】

東京都特別区南都町一丁目101				全部事項証明書	（土地）
表 題 部 （土地の表示）	調製	余白		不動産番号	0000000000000

地図番号	余白	筆界特定	余白		
所　在	特別区南都町一丁目			余白	
① 地番	② 地目	③ 地　積　㎡		原因及びその日付〔登記の日付〕	
101番	宅地	300：00		不詳〔平成20年10月14日〕	
所有者	特別区南都町一丁目1番1号　甲野太郎				

権 利 部 （ 甲 区 ） （ 所 有 権 に 関 す る 事 項 ）				
順位番号	登　記　の　目　的	受付年月日・受付番号	権　利　者　そ　の　他　の　事　項	
1	所有権保存	平成20年10月15日 第637号	所有者　特別区南都町一丁目1番1号 　　　　甲野太郎	
2	所有権移転	令和1年5月7日 第806号	原因　令和1年5月7日売買 所有者　特別区南都町一丁目5番5号 　　　　法務五郎	

権 利 部 （ 乙 区 ） （ 所 有 権 以 外 の 権 利 に 関 す る 事 項 ）		
順位番号	登　記　の　目　的	受付年月日・受付番号	権　利　者　そ　の　他　の　事　項
1	抵当権設定	令和1年5月7日 第807号	原因　令和1年5月7日金銭消費貸借同日設定 債権額　金4,000万円 利息　年2.60％（年365日日割計算） 損害金　年14.5％（年365日日割計算） 債務者　特別区南都町一丁目5番5号 　　　　法務五郎 抵当権者　特別区北都町三丁目3番3号 　　　　株式会社南北銀行 　　　　（取扱店　南都支店） 共同担保　目録(あ)第2340号

共 同 担 保 目 録				
記号及び番号	(あ)第2340号			調製	令和1年5月7日
番号	担保の目的である権利の表示 || 順位番号	予　備	
1	特別区南都町一丁目　101番の土地 || 1	余白	
2	特別区南都町一丁目　101番地　家屋番号　101番の建物 || 1	余白	

（法務局「登記事項証明書様式」より）

第1編　相続手続業務

【図表26　登記事項証明書の例2】

東京都特別区南都町1丁目101　　　　　　　　　　　全部事項証明書　　　　（建物）

表　題　部	（主である建物の表示）	調製	余白	不動産番号	0000000000000

所在図番号	余白

所　　在	特別区南都町一丁目　101番地	余白

家屋番号	101番	余白

①種類	②構造	③床面積　㎡	原因及びその日付〔登記の日付〕
居宅	木造かわらぶき2階建	1階　80：00 2階　70：00	令和1年5月1日新築 〔令和1年5月7日〕

表　題　部	（附属建物の表示）

符号	①種類	②構造	③床面積　㎡	原因及びその日付〔登記の日付〕
1	物置	木造かわらぶき平家建	30：00	〔令和1年5月7日〕

所　有　者	特別区南都町一丁目5番5号　法　務　五　郎

権　利　部（甲区）	（所有権に関する事項）

順位番号	登　記　の　目　的	受付年月日・受付番号	権利者その他の事項
1	所有権保存	令和1年5月7日 第805号	所有者　特別区南都町一丁目5番5号 　　　　法　務　五　郎

権　利　部（乙区）	（所有権以外の権利に関する事項）

順位番号	登　記　の　目　的	受付年月日・受付番号	権利者その他の事項
1	抵当権設定	令和1年5月7日 第807号	原因　令和1年5月7日金銭消費貸借同日設定 債権額　金4,000万円 利息　年2・60％（年365日日割計算） 損害金　年14・5％（年365日日割計算） 債務者　特別区南都町一丁目5番5号 　　　　法　務　五　郎 抵当権者　特別区北都町三丁目3番3号 　　　　株　式　会　社　南　北　銀　行 　　　　（取扱店　南都支店） 共同担保　目録(あ)第2340号

共　同　担　保　目　録

記号及び番号	(あ)第2340号	調製	令和1年5月7日

番　号	担保の目的である権利の表示	順位番号	予　　備
1	特別区南都町一丁目　101番の土地	1	余白
2	特別区南都町一丁目　101番地　家屋番号　101番の建物	1	余白

（法務局「登記事項証明書様式」より）

57

第1章　基礎調査

【図表27　登記事項証明書の例3】

東京都特別区南都町1丁目3-1-101			全部事項証明書	（建物）

専有部分の家屋番号	3-1-101　3-1-102　3-1-201　3-1-202			
表　題　部　（一棟の建物の表示）	調製	余白	所在図番号	余白
所　在	特別区南都町一丁目　3番地1		余白	
建物の名称	ひばりが丘一号館		余白	
①　構　造	②　床　面　積　㎡		原因及びその日付〔登記の日付〕	
鉄筋コンクリート造陸屋根2階建	1階　300：60 2階　300：40		〔令和1年5月7日〕	

表　題　部　（敷地権の目的である土地の表示）					
①土地の符号	②　所　在　及　び　地　番	③地　目	④　地　積　㎡		登　記　の　日　付
1	特別区南都町一丁目3番1	宅地	350：76		令和1年5月7日

表　題　部　（専有部分の建物の表示）		不動産番号	0000000000000
家屋番号	特別区南都町一丁目　3番1の101	余白	
建物の名称	R10	余白	
①　種　類	②　構　造　　　　③　床　面　積　㎡	原因及びその日付〔登記の日付〕	
居宅	鉄筋コンクリート造1階建　　1階部分　150：42	令和1年5月1日新築 〔令和1年5月7日〕	

表　題　部　（敷地権の表示）			
①土地の符号	②　敷地権の種類	③　敷　地　権　の　割　合	原因及びその日付〔登記の日付〕
1	所有権	4分の1	令和1年5月1日敷地権 〔令和1年5月7日〕
所　有　者	特別区東都町一丁目2番3号　株式会社甲不動産		

権　利　部　（　甲　区　）　（所　有　権　に　関　す　る　事　項）			
順位番号	登　記　の　目　的	受付年月日・受付番号	権　利　者　そ　の　他　の　事　項
1	所有権保存	令和1年5月7日 第771号	原因　令和1年5月7日売買 所有者　特別区南都町一丁目1番1号 　　　　甲　野　一　郎

権　利　部　（　乙　区　）　（所　有　権　以　外　の　権　利　に　関　す　る　事　項）			
順位番号	登　記　の　目　的	受付年月日・受付番号	権　利　者　そ　の　他　の　事　項
1	抵当権設定	令和1年5月7日 第772号	原因　令和1年5月7日金銭消費貸借同日設定 債権額　金4,000万円 利息　年2・60％（年365日日割計算） 損害金　年14・5％（年365日日割計算） 債務者　特別区南都町一丁目1番1号 　　　　甲　野　一　郎 抵当権者　特別区北都町三丁目3番3号 　　　　株　式　会　社　南　北　銀　行

（法務局「登記事項証明書様式」より）

地図証明書の記載内容

　登記所に備え付けられている図面には、不動産登記法14条第1項に定められている「地図」と、同条第4項に定められている「地図に準ずる図面」があります。
　地図は、土地の面積、距離、形状、位置が正確に記載された精度の高い図面です。ただし、地図には精度区分（甲一〜三、乙一〜三）があり、地域により大きな誤差が存在する場合があります（国土調査法施行令第15条、別表第四）。
　地図に準ずる図面は一般的に公図と呼ばれ、地図が整備されるまでの代わりとして備え付けられている図面です。
　公図は、明治時代に整備された旧土地台帳附属地図を引き継いでいて、土地を調査した時期によって精度の低い情報が記載されていることがあります。
　明治時代の地租改正で土地台帳が整備された際の調査では、測量技術が低かっただけでなく、専門家の不足から現地住民によって測量が行われました。そのため、税負担を軽減する目的で意図的に土地の面積を小さく申告する縄伸び、地主が徴収する小作料を増やす目的で意図的に土地の面積を大きく申告する縄縮みが多く見られました。
　地図証明書（図表28）を取得したときは、記載されている図面が地図と公図のどちらかを確認する必要があります。
　一般的には、地図証明書下部の分類欄に図面の種類が記載されています。
　なお、地図と地図に準ずる図面を併せて公図と呼ぶ場合もあります。
　地図証明書には、土地、道路、水路などと土地の地番が記載されています。地図証明書を見るときは、住宅地図に登記所の図面を重ね合わせた図面（住居表示地番対照住宅地図、ブルーマップ（図表29））と照らし合わせて、不動産が存在している土地の地番を確認します。
　このとき、土地の形状が住宅地図などに記載されているものと一致するか、土地が分筆されていないかなどを確認します。
　また、土地が公道として利用されているなどの理由で固定資産税を課されていない場合もあるため、そのような土地がないかも確認します。

第1章　基礎調査

【図表28　地図証明書の例】

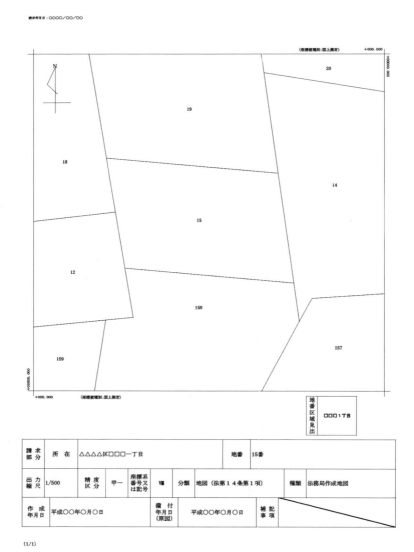

(一般財団法人民事法務協会「登記情報提供サービス」より)

【図表29　ブルーマップの例】

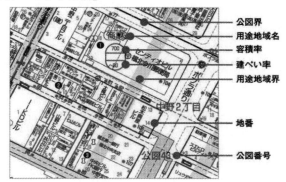

（株式会社ゼンリン「ブルーマップ」より）

■不動産の評価

　不動産の詳細な情報を取得できたときは、その情報を基に不動産の評価額を調べます※。一般的に不動産の評価額の計算の仕方には、次の4種類があります。

※国税庁「土地家屋の評価」

　（https://www.nta.go.jp/taxes/shiraberu/taxanswer/sozoku/4602.htm）

固定資産税評価額

　固定資産税評価額は、固定資産税や建物についての相続税および贈与税の基準となる価格を指します。

　一般的な相続手続や建物についての相続税の申告では、固定資産税評価額を用います。

　固定資産税評価額は、公示価格の約70％の価格となり、固定資産税額は、原則として固定資産税評価額を1.4％の金額となります。

　固定資産税評価額は、固定資産税納税通知書と共に送付される固定資産税課税明細書（図表30）、固定資産課税台帳、または市区町村の発行する固定資産評価証明書（図表31）の価格の欄に記載されています。

　固定資産税評価額は、3年に1度、1月1日に見直し（評価替え）が行われ、それを基にして4～6月に固定資産税納税通知書が送付されます。

第1章　基礎調査

【図表30　固定資産税課税明細書の例】

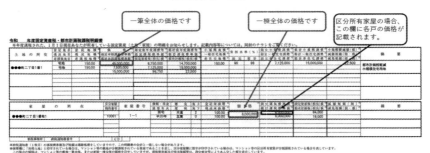

(東京都主税局「課税証明書の見本」より)

【図表31　固定資産評価証明書の例】

(東京都主税局「様式の見本」より)

路線価

　路線価（相続税路線価）は、土地についての相続税および贈与税の基準となる価格で、路線（道路）に面した土地の1㎡の価格を指します。

　土地についての相続税の申告では、路線価を用います。

　路線価は、公示価格の約80％の価格となり、相続税額は、路線価に地積を掛けた価格を基に補正を行った金額となります。

　路線価は、国税庁の路線価図[※1]で調べることができます（図表32）。こ

の路線価は、毎年7月1日にその年の1月1日時点の価格が発表されます。

　路線価図には、路線ごとに面している土地の1m^{2}の価格が千円単位で表示され、借地権割合を示すアルファベットが表示されています。

　路線価を計算するときは、土地の面している路線の価格に地積を掛けます。

　このとき、土地の状況に応じて奥行価格補正、側方路線影響加算、二方路線影響加算、不整形地補正、間口狭小補正、奥行長大補正などの補正を行います。

　さらに、借地権が設定されている場合は、借地権割合を掛けます。

　地域によっては、路線価が定められていない場合があります。この場合は、固定資産税評価額に評価倍率表[※2]に記載されている地目に応じた倍率を掛けます。

※1　国税庁「路線価図・評価倍率表」(https://www.rosenka.nta.go.jp/)
※2　国税庁「倍率方式による土地の評価」
　　　(https://www.nta.go.jp/taxes/shiraberu/taxanswer/hyoka/4606.htm)

【図表32　路線価図の例】

(国税庁「路線価図」より)

第1章 基礎調査

【図表33 評価倍率表の例】

音順	町(丁目)又は大字名	適用地域名	借地権割合 %	宅地	田	畑	山林	原野	牧場	池沼
					固定資産税評価額に乗ずる倍率等					
お	丘珠町	市街化区域	—	路線						
		市街化調整区域								
		1 農業振興地域内の農用地区域				純 23				
		2 上記以外の地域	30	1.2		中 28				
き	北4～51条東	全域	—	路線	比準	比準				
	北丘珠1～6条	市街化区域	—	路線		比準				
		市街化調整区域	30	1.2		中 28				
さ	栄町	農業振興地域内の農用地区域				純 23				
		上記以外の地域	30	1.1		中 56		中 132		
な	苗穂町1～16丁目	全域	—	路線		比準				
	中沼1～3条	全域	30	1.7						
	中沼4～6条	全域	30	1.5						
	中沼町	農業振興地域内の農用地区域				純 55				
		上記を除く福移沼端線沿い	30	1.5		中 71		中 161		
		上記以外の地域	30	1.5		中 71		中 282		
	中沼西1～5条	全域	—	路線		比準				
ひ	東雁来1～14条	全域	—	路線		比準		比準		
	東雁来町	農業振興地域内の農用地区域				純 63		純 122		
		上記以外の地域	30	1.1		中 68		中 159		
	東苗穂1～15条	全域	—	路線		比準				
	東苗穂町	全域	30	1.1		中 153				
ふ	伏古1～14条	全域	—	路線		比準				
ほ	本町1・2条	全域	—	路線		比準				
	上記以外	全域	30	1.1		純 23		中 132		

令和5年分 倍率表　1頁
市区町村名：札幌市東区　　札幌北税務署

(国税庁「評価倍率表(一般の土地用)」より)

公示価格

公示価格は、土地価格を算定する基準となる価格で、適正な地価が形成されるように公的な機関が判定した価格を指します。

公示価格には、国土交通省が発表する地価公示価格（公示地価）と都道府県が発表する基準地標準価格（基準地価）があります。

いずれの公示価格も国土交通省の不動産情報ライブラリ※で調べることができます。

地価公示価格は、毎年3月頃にその年の1月1日時点の価格が発表され、基準地標準価格は、毎年9月頃にその年の7月1日時点の価格が発表されます。

※　国土交通省「不動産情報ライブラリ」（https://www.reinfolib.mlit.go.jp/）

実勢価格

実勢価格は、実際に取引された不動産の価格を指します。

不動産の評価の仕方について当事者間に争いがある場合は、実勢価格を用います。

なお、不動産を売却したときは、実勢価格ではなく実際の売却価格を用います。

実勢価格は、一般的には公示価格の約110～120％の価格となりますが、個々の不動産の状況や取引の事情によって上下するため、必ずしも公示価格どおりとなるわけではありません。

実勢価格は、国土交通省の不動産情報ライブラリで調べることができます。

貸宅地・貸家建付地の評価

貸宅地は、第三者のために借地権、地上権などが設定されている土地を指します。

借地権が設定されている土地は、底地とも呼ばれます。

貸家建付地は、土地所有者が自ら所有し、第三者のために借家権が設定されている家屋が建っている土地を指します。

貸宅地・貸家建付地の評価額は、権利の設定されていない土地（自用地、

更地）よりも権利の価値の分だけ低くなります。なお、土地所有者が土地を無償で貸している場合は、使用貸借が成立しますが、権利の価値は０として扱います。

貸宅地の評価額[※1]を計算するときは、自用地の価格に借地権割合を掛けたものを自用地の価格から引きます。貸家建付地の評価額[※2]を計算するときは、自用地の価格に借地権割合、借家権割合、賃貸割合を掛けたものを自用地の価格から引きます。

※1　国税庁「貸宅地の評価」
　　　（https://www.nta.go.jp/taxes/shiraberu/taxanswer/hyoka/4613.htm）
※2　国税庁「貸家建付地の評価」
　　　（https://www.nta.go.jp/taxes/shiraberu/taxanswer/hyoka/4614.htm）

(4) 不動産上の権利の調査

不動産上の権利としては、抵当権、地上権、賃借権などがあります。ここでは、借地権（土地賃借権）の調査について解説します。

借地権の調査は、①土地と建物の所有者が異なることを確認したうえで、②借地権を特定して、③借地権を評価するという流れで行います。

借地権の調査では、借地権が設定されている土地の詳細と借地権の評価額を明らかにします。

■借地権の特定

借地権を特定するときは、まず建物の登記事項証明書を調べ、建物の所有者が被相続人であること、および土地の所有者が被相続人ではないことを確認します。

次に、土地の登記事項証明書を調べ、権利部（乙区）の欄に何らかの権利が設定されていないか確認します。

不動産上の権利のうち、抵当権や地上権は、通常、対抗要件として登記がされるため、土地の登記事項証明書を調べることで権利が設定されていることがわかります。

これに対して、借地権は、賃貸人の承諾がなければ登記をすることができ

ず、一般的には登記がされません。そのため、土地の登記事項証明書を調べても、借地権が設定されているかはわかりません。

そこで、被相続人が土地の所有者に金銭を支払っていたような場合は、土地賃貸借契約書がないか確認します。

■借地権の評価

借地権を特定できたときは、借地権の評価額※を調べます。

借地権の評価額の計算の仕方は、借地権（普通借地権）と定期借地権によって異なります。

普通借地権は、存続期間が満了した後も契約を更新できる借地権を指します。普通借地権の評価額を計算するときは、自用地の評価額に借地権割合を掛けた金額となります。

定期借地権は、平成4年8月に施行された借地借家法で創設された権利で、契約の更新および存続期間の延長がなく、建物の買取請求もできない借地権を指します。

定期借地権の評価額を計算するときは、自用地の評価額に定期借地権設定時の借地権割合、逓減率を掛けた金額となります。

※ 国税庁「借地権の評価」
　（https://www.nta.go.jp/taxes/shiraberu/taxanswer/hyoka/4611.htm）

(5) 動産の調査

動産としては、自動車、貴金属、宝飾品、美術品、骨董品、家財などがあります。

動産の調査は、①動産を特定して、②動産を評価するという流れで行います。

■動産の特定と評価

動産の特定と評価の仕方は、動産の種類によって異なります。

自動車

自動車やバイクを調査するときは、自動車検査証（検査対象外軽自動車の

場合は軽自動車届出済証、原動機付自転車の場合は標識交付証明書）を確認します。

　自動車やバイクを評価するときは、専門業者に相続開始時点における買取り価格の査定を依頼します。

　自動車やバイクを売却したときは、実際の売却価格を用います。

貴金属

　貴金属を調査するときは、貴金属を購入した際の計算書を確認します。

　貴金属を評価するときは、専門業者に相続開始時点における買い取り価格の査定を依頼します。

宝飾品、美術品、骨董品

　宝飾品、美術品、骨董品のように比較的高価な動産を評価する場合は、適正な市場価格（時価）が存在する動産のときは、相続開始時点の時価を調べ、時価が存在しない動産や価値が明らかではない動産のときは、専門業者に相続開始時点における買い取り価格の査定を依頼し、鑑定書や鑑別書を作成してもらいます。

　それでも価値が明らかにならない場合は、相続財産目録には記載しないで形見分けとする場合もあります。

家財

　家財は、価値が付かない物も多く、個別に評価するのは手間がかかるため、一般的には家財一式として評価します。

　なお、相続税の申告では、5万円以下の家財は一括して評価できるとされています[※]。

※　国税庁「財産評価基本通達128（評価単位）」

　　（https://www.nta.go.jp/law/tsutatsu/kihon/sisan/hyoka_new/06/01.htm）

(6)　その他の財産の調査

　その他の財産として現金や各種債権があります。ここでは、現金（手許現

金、還付金)、出資金、生命保険金(死亡保険金)の調査について解説します。

■現金の調査

現金がある場合は、その金額を調べます。

また、保険料の還付金のように、相続開始後に過剰分を還付された金銭がある場合は、その金額を調べます。

被相続人の生前にかかった医療費(入院費、治療費)や生活費(水道光熱費)を支払うため、相続人が被相続人の預貯金口座から引き出した現金がある場合は、領収書を確認して費用の内訳と金額を調べます。

領収書がない場合や紛失している場合は、費用について書かれたメモなどを確認します。

■出資金の調査

信用金庫や農業協同組合の口座がある場合は、出資金の金額を調べます。出資金の調査では、預貯金の調査と同様に金融機関に残高証明書を請求します。

■生命保険金の調査

生命保険金を調査するときは、保険証券を確認して保険証券番号、契約者、被保険者、受取人、保険金額などを確認します。

生命保険金は、受取人が相続人とされる場合、受取人の固有の財産であり、相続財産に含まれません。そのため、生命保険金は相続財産目録に記載しない場合があります。

しかし、受取人が生命保険金を受け取ることで、相続人間に明らかな不公平が生じる場合は、特別受益として相続分の計算に影響する可能性があります(最決平成16年10月29日民集第58巻7号1979頁)。

また、生命保険金は、契約者と被保険者が被相続人、かつ受取人が相続人の場合、みなし相続財産として相続税の課税対象となります。そこで、相続財産目録に記載しない場合でも、生命保険金を調査する必要があります。

被相続人が生命保険を契約しているか不明な場合は、一般社団法人生命保

険協会の生命保険契約照会制度※を利用して契約の有無を調べます。
※　一般社団法人生命保険協会「生命保険契約照会制度のご案内」
　　（https://www.seiho.or.jp/contact/inquiry/）

生命保険契約照会に必要となる書類
　一般社団法人生命保険協会に生命保険契約照会をするときは、次の書類が必要となります。
①　被相続人に関する書類
　(i)　被相続人の出生から死亡までの戸籍謄本等
　(ii)　被相続人の死亡が確認できる書類（死亡証明書など）
②　相続人に関する書類
　(i)　認証文を付与された法定相続情報一覧図
　(ii)　本人確認書類書
③　代理人に関する書類
　(i)　資格証明書

(7)　負の財産の調査

　負の財産として各種債務があります。ここでは、借入金（カードローン、住宅ローン、自動車ローン）、経費の調査について解説します。

■借入金の調査
　借入金がある場合は、借入先、借入総額、借入残高（返済残額）を調べます。
　借入金の調査では、金融機関に残高証明書を請求します。
　被相続人に借入金があるか不明な場合は、信用情報機関による信用情報の開示を利用して借入金の有無を調べます。

信用情報の開示
　信用情報機関には次の3つがあります。
①　株式会社シー・アイ・シー（CIC）[※1]　クレジット会社・信販会社

②　株式会社日本信用情報機構（JICC）[※2]　消費者金融
③　一般社団法人全国銀行協会（全銀協）[※3]　銀行

　信用情報の開示で明らかになるのは、相続開始時点の情報ではなく、信用情報が更新された時点の情報となります。そのため、相続開始時点の返済残額とは異なる可能性があります。
　また、返済残額の千円未満は省略されるため、正確な金額は分かりません。

※1　株式会社シー・アイ・シー（https://www.cic.co.jp/）
※2　株式会社日本信用情報機構（https://www.jicc.co.jp/）
※3　一般社団法人全国銀行協会　全国銀行個人信用情報センター
　　　（https://www.zenginkyo.or.jp/pcic/）

■経費の調査

　公共料金、医療費、葬儀費用（葬儀一式費用、飲食接待費、お布施）など、被相続人の死後にかかった経費は、領収書を確認して費用の内訳と金額を調べます。
　領収書がない場合や紛失している場合は、費用について書かれたメモなどを確認します。

5　相続税の申告が必要な場合の調査

　相続税の申告が必要となる場合は、業務を引き継ぐため、税理士に収集した書類を提供します。そのため、相続税の申告に必要な書類を把握しながら基礎調査を進めることが必要です。
　相続財産調査および相続財産目録の作成と税理士による相続財産の評価および相続税の試算、遺産分割協議書の作成と税理士による相続税申告書の作成は、それぞれ並行して行われるため、適切な時期に書類を提供できるようにしておく必要があります。
　相続税の申告には、被相続人が死亡したことを知った日の翌日から10か月以内という期限があるうえ、相続税の申告内容は提出する書類と一致している必要があります。そのため、税理士と連携して相続税の申告に備えるこ

とが不可欠です。

■相続税の申告にかかる期間

　相続税を申告するにあたり、税理士は提供された書類を基に相続税の試算を行います。相続税の試算には、単純な事案では約1か月、複雑な事案では2〜3か月の期間がかかります。

　税理士が扱う相続税申告の件数は、平均して1人当たり年間1〜2件とそれほど多くなく、相続税申告を専門としていない税理士の場合は、相続税の試算に時間がかかることがあります。そのため、相続税申告を専門とする税理士に業務を依頼することが大切です。

　相続人が複数人いて遺言書が残されていない場合は、遺産分割協議の内容に従って相続税を申告します。

　遺産分割協議が整わず申告期限に間に合わない可能性があるときは、遺産を分割していない状態のまま法定相続分に従って申告し、後から遺産分割協議の内容に従って修正申告をします。

■書類の収集

　相続税を申告するときは、一般的に次のような書類を収集します。
　必要な書類の選択や書類を取得できないときの対応については税理士に問い合わせます。
① 人に関する書類
　(i) 被相続人に関する書類
　　ア　被相続人の出生から死亡までの戸籍謄本等
　　イ　被相続人の住民票
　(ii) 相続人に関する書類
　　ア　相続人の現在の戸籍謄本等、または認証文を付与された法定相続情報一覧図
　　イ　相続人の住民票
　　ウ　印鑑登録証明書
② 遺産分割に関する書類

(ⅰ)　遺言書の写し
　(ⅱ)　遺産分割協議書の写し
　(ⅲ)　相続人に関する書類
　　ア　特別代理人選任の審判の証明書（未成年の相続人がいるとき）
　　イ　相続放棄受理証明書（相続放棄した者がいるとき）
③　預貯金に関する書類
　(ⅰ)　残高証明書
　(ⅱ)　取引履歴
④　有価証券に関する書類
　(ⅰ)　残高証明書
　(ⅱ)　配当金支払通知書
⑤　不動産に関する書類
　(ⅰ)　固定資産評価証明書
　(ⅱ)　固定資産課税台帳（名寄帳）
　(ⅲ)　登記事項証明書（不動産登記簿謄本）
　(ⅳ)　地図証明書
　(ⅴ)　地積測量図
　(ⅵ)　賃貸借契約書（被相続人が貸家に住んでいたとき）
⑥　その他の財産に関する書類
　(ⅰ)　生命保険金（死亡保険金）の支払通知書
⑦　負の財産に関する書類
　(ⅰ)　借入残高証明書
　(ⅱ)　金銭消費貸借契約書
　(ⅲ)　未払いの公租公課の納税通知書
　(ⅳ)　未払いまたは相続開始後に支払った公共料金、医療費の請求書や領収書
　(ⅴ)　葬儀・納骨のため支払った費用の領収書やメモ

■相続税の申告が必要な場合の注意点

　事案によっては相続税の納税資金を確保するため、相続税を申告する前に

不動産の売却などが必要となる場合があります。この場合、売買契約の締結だけでなく、決済まで終える必要があります。

取引履歴は、これまでは生前贈与加算（持ち戻し）の対象期間が相続開始前3年であったことから、5年分を収集するのが一般的でした。

しかし、2023年度（令和5年度）の税制改正により、対象期間が相続開始前7年へと拡大されたため、今後は7年分を収集することを求められる可能性があります。

なお、被相続人が扶養義務の範囲内で生活費などとして毎月金銭を渡していたような場合は、贈与税[※1]の課税対象となる贈与に当たりません。

これに対して、被相続人が一般的な生活費を超える額の金銭を渡していた、渡した金銭の総額が相続財産に占める割合が大きい、遠い関係にある親族に金銭を渡していたなどの場合は、贈与とみなされる可能性が高くなります。

相続税の申告では、預貯金の経過利息を計算する必要があるため、残高証明書、取引履歴を取得する際に経過利息計算書も取得します。金融機関によっては残高証明書に経過利息が記載されている場合があります。

登記事項証明書、地図証明書、地積測量図は、登記官による認証文の付されたものを取得します。

生命保険金（死亡保険金）は、相続財産に含まれない場合でも非課税限度額を超えると相続税の課税対象となるため、書類の取集が必要となります。

葬儀・供養の費用は経費として遺産総額から差し引くことができますが、香典返戻費用、法要の費用、死後に購入した墓碑・墓所・仏壇などの費用は、経費とすることができません[※2]。

※1　国税庁「贈与税がかからない場合」
　　　（https://www.nta.go.jp/taxes/shiraberu/taxanswer/zoyo/4405.htm）
※2　国税庁「相続財産から控除できる債務」
　　　（https://www.nta.go.jp/taxes/shiraberu/taxanswer/sozoku/4126.htm）

6　相続財産目録の作成

相続財産目録は、相続財産の内容を一覧にまとめた書類です。相続財産目

録は、遺産分割協議、限定承認の申述、相続税の申告などのために利用されます。

このような書類を作成しておくことで、相続手続の関係者は、どのような相続財産があり、どの程度の価値があるのか把握しやすくなります。

相続財産調査により相続財産に関わる書類を収集できたときは、それを基に相続財産目録を作成します。

■相続財産目録の記載内容

相続財産目録には、定められた書式はありませんが、一般的に次のような内容を記載します。

目録の冒頭には、表題、①作成者の氏名および作成年月日、②被相続人の氏名および死亡年月日を記載します。

相続財産は、財産の種類ごとに箇条書き、または表の形式で記載します。

相続財産の情報は、収集した書類から証明できるものを簡潔かつわかりやすく記載します。

① 作成者の氏名、作成年月日
② 被相続人の氏名、死亡年月日
③ 預貯金の情報
　(ⅰ) 金融機関名、店舗名
　(ⅱ) 口座の種別、口座番号
　(ⅲ) 預貯金額
　(ⅳ) 金融機関ごとの預貯金額の総額
④ 有価証券の情報
　(ⅰ) 金融機関名、店舗名
　(ⅱ) 口座番号
　(ⅲ) 有価証券の種類、銘柄
　(ⅳ) 有価証券の数、基準価額
　(ⅴ) 有価証券の評価額
　(ⅵ) 預り金額
　(ⅶ) 金融機関ごとの評価額と預り金額の総額

(ⅷ) 備考として評価日や決算日を記載することもあります。
⑤ 不動産の情報
　(ⅰ) 土地の情報
　　ア　所在、地番、地目、地積
　　イ　土地の評価額
　　ウ　備考として土地の利用状況を記載することもあります。
　(ⅱ) 建物の情報
　　ア　所在、家屋番号、種類、構造、床面積
　　イ　建物の評価額
　　ウ　備考として建物の利用状況を記載することもあります。
　(ⅲ) 区分建物の情報
　　ア　一棟の建物（所在、建物の名称）
　　イ　敷地権の目的である土地（土地の符号、所在及び地番、地目、地積）
　　ウ　専有部分の建物（家屋番号、種類、構造、床面積）
　　エ　敷地権（土地の符号、敷地権の種類、敷地権の割合）
　　オ　区分建物の評価額と敷地権の価額の総額
　　カ　備考として区分建物の利用状況を記載することもあります。
⑥ 動産の情報
　(ⅰ) 自動車・バイクの情報
　　ア　自動車登録番号又は車両番号（検査対象外軽自動車の場合は車両番号、原動機付自転車の場合は標識番号）、車名、車台番号、型式
　　イ　自動車・バイクの評価額
　(ⅱ) 貴金属・宝飾品・美術品・骨董品・家財など
　　ア　動産の評価額
　　イ　備考として保管先を記載することもあります。
⑦ その他の財産の情報
　(ⅰ) 現金の情報
　　ア　金額
⑧ 負の財産の情報
　(ⅰ) 借入金の情報

ア　借入先
　　イ　借入総額、借入残高
　　ウ　備考として返済方法、返済額、返済予定日を記載することもあります。
　(ii)　経費の情報
　　ア　金額

【図表34　相続財産目録の例1】

```
                        相続財産目録
                            作成者　行政書士　■■　■■
                            作成日　令和6年6月1日

 被相続人　○○　○○
 令和6年4月17日死亡

  1．預貯金等
     ゆうちょ銀行
        通常貯金　金 2,610,000 円
        記号番号　＊＊＊＊＊-＊＊＊＊＊＊＊＊
        総額　計　金 2,610,000 円
     みずほ銀行　＊＊＊＊支店
        普通預金　金 5,260,000 円
        口座番号　＊＊＊-＊＊＊＊＊＊＊
        総額　計　金 5,260,000 円
  2．株式・証券等
     野村證券　＊＊＊＊支店
        口座番号　＊＊＊-＊＊＊＊＊＊＊
        お預り金　金 0 円
        株式　　銘柄　＊＊＊＊＊＊
        株式数　3,000 株
        基準価額　1株当たり 349 円
        評価額　計　金 1,047,000 円
        総額　計　金 1,047,000 円
  3．保険
     日本生命保険相互会社
        記号・証券番号　＊＊＊-＊＊＊＊＊＊＊
        契約者　　○○　○○
        被保険者　○○　○○
        受取人　　●●　●●
        生命保険金　金 10,000,000 円（契約時）
        総額　計　金 10,000,000 円
```

【図表35　相続財産目録の例2】

```
    4．不動産
       土地（土地の表示）
          所在      ＊＊市＊＊区＊＊町5丁目
          地番      3番地8
          地目      宅地
          地積      82平方メートル64
             評価額　金 12,400,000 円（令和5年度）
       建物（主である建物の表示）
          所在      ＊＊市＊＊区＊＊町5丁目3番地8
          家屋番号  3番地8号
          種類      居宅
          構造      木造スレート葺2階建
          床面積    1階　56平方メートル54
                    2階　42平方メートル12
             評価額　金 3,500,000 円（令和5年度）
    5．その他
       自動車
          自動車登録番号　＊＊　＊＊＊　＊　＊＊＊＊
          車名      ＊＊＊＊
          車台番号  ＊＊＊-＊＊＊＊＊＊
          型式      ＊＊＊-＊＊＊
             評価額　金 670,000 円
       現金 183,000 円
                              相続財産　総額　金 35,670,000 円
```

■遺言業務における相続財産目録の作成

　遺言業務では、遺言書の作成において相続財産目録を作成して遺言書に添付します。

　また、遺言の執行において遺言書に相続財産目録が添付されていないときは、遺言執行者が目録を作成しなければいけません。

　遺言業務において相続財産目録は、遺言書による遺産分割のために利用されます。そのため、相続手続業務で作成する相続財産目録とは記載内容に違いがあります。

　相続手続業務の場合は、基本的にすべての相続財産を記載しますが、遺言業務の場合は、遺言書に記載されている財産のみを記載します。

　また、相続財産目録を自筆証書遺言に添付するときは、遺言者の署名・押印が必要となります。

第2章 相続手続業務の執行

　基礎調査により相続人や相続財産に関する情報を収集できたときは、相続人の意思を確認して相続手続業務を進めます。
　相続手続には、相続人が1人のため直ちに遺産整理業務に入る場合と相続人が複数人いるため遺産分割協議書を作成する場合があります。
　これらの業務の他、他の専門家と連携して、限定承認および相続放棄の申述、遺産分割調停の申立て、相続税の申告などに必要な書類の収集や作成を行います。

1　相続方法の決定

　相続手続業務を進めるにあたり、まず、基礎調査で得られた情報に基づいて、相続方法について相続人の意思を確認します。
　相続方法には、単純承認、限定承認、相続放棄があります。
　相続人の意思は、相続人が相談をしてきたときに確認できる場合もありますが、基礎調査において負の財産の存在が判明した場合は、あらためて相続人に確認する必要があります。
　また、相談してきた相続人の他に相続人がいる、基礎調査において新たに判明した相続人がいるといった場合は、基礎調査と並行して、それらの相続人の意思を確認する作業が必要となります。

■相続人の意思の確認
　相続人の意思を確認するときは、郵便、電話、メールなど様々な手段を利用します。

連絡先がわからない相続人がいる場合は、他の相続人や親族に聞く、戸籍謄本等を調べるなどして連絡先を確認します。

相続手続を円滑に進めるには、相続人の協力を取り付けることが欠かせません。

相続人に連絡する場合は、相手が判断できるように、相続財産や法定相続分について、できる限り具体的な情報を提示して、相続人に信頼してもらうことが大切です。

相続人の意思を確認するときに、相手との交渉が必要となる場合は、相続人の一人に交渉をお願いするか、弁護士に業務を引き継ぐ必要があります。

意思の確認に注意が必要な事案

次のような事案では、相続人に代わり相続手続に関与する者が存在するため、それらの者と連携して手続を進める必要があります。

特に相続手続を専門としない法律家や親族などの専門家ではない者が関与する場合は、やり取りに時間がかかることを想定して手続を進める必要があります。

① 相続人の中に未成年者が存在する場合は、親権者が法定代理人として意思表示を行います。しかし、親権者と未成年者が共に相続人となり、未成年者だけが相続放棄をするといった、親権者と未成年者の利益が相反する事案では、家庭裁判所に特別代理人の選任を申立てる必要があります（民法第826条）。

② 相続人の中に認知症、知的障害、精神障害などによって、物事を理解して有効な意思表示を行えるだけの判断能力を欠いている者が存在する事案では、家庭裁判所に後見開始の審判を申立てる必要があります（民法第7条）。

③ 相続人の中に行方不明者が存在する事案では、家庭裁判所に不在者財産管理人の選任を申立てる必要があります（民法第25条第1項）。

④ 相続人が存在しない、または相続人の存在、不存在が明らかになっていない事案では、家庭裁判所に相続財産清算人の選任を申立てる必要があります（民法第952条第1項）。

■相続方法の種類

①	単純承認	単純承認は、相続人が被相続人の権利義務をすべて承継する相続方法です（民法第920条）。単純承認した相続人は、預貯金や不動産などの正の財産だけでなく、借入金などの負の財産も承継します。
②	限定承認	限定承認は、相続人が承継する正の財産の範囲内で負の財産を負担する相続方法です（民法第922条）。
③	相続放棄	相続放棄は、相続人が被相続人の権利義務をすべて放棄する相続方法です。相続放棄した相続人は、初めから相続人ではなかったとみなされ、負の財産だけでなく正の財産も承継しません（民法第939条）。

■限定承認および相続放棄の申述

　限定承認または相続放棄をする相続人は、自己のために相続の開始があったことを知った時から3か月以内に、家庭裁判所に限定承認[※1]または相続放棄[※2]の申述をしなければいけません（熟慮期間）。

　限定承認または相続放棄の申述を他の専門家に依頼する場合、依頼から申述まで約1週間かかります。また、借入金に不明なところがあり、信用情報機関に信用情報の開示を求める場合、約2週間かかります。そのため、3か月の期間内に申述を間に合わせるには、基礎調査の早い段階で限定承認または相続放棄に必要な書類を収集・作成する必要があります。

　3か月の期間内に限定承認または相続放棄を決定できるだけの基礎調査を終えることができない場合は、家庭裁判所に期間の伸長の申立て[※3]をすることができます。期間の伸長が認められると、一般的には1～3か月ほど期間が伸長されます。

　相続放棄の申述では、相続財産目録を提出する必要はありませんが、限定承認の申述では、相続財産目録を提出しなければいけません。そのため、限定承認をする場合、相続財産調査を迅速に進める必要があります。

　また、単純承認および相続放棄の申述は、相続人が単独で行いますが、限

定承認の申述は、相続人が複数人いる場合、すべての相続人が共同で行う必要があります。そのため、すべての相続人に限定承認の意思があることを迅速に確認する必要があります。

※1　裁判所「相続の限定承認の申述」
　　（https://www.courts.go.jp/saiban/syurui/syurui_kazi/kazi_06_14/index.html）
※2　裁判所「相続の放棄の申述」
　　（https://www.courts.go.jp/saiban/syurui/syurui_kazi/kazi_06_13/index.html）
※3　裁判所「相続の承認又は放棄の期間の伸長」
　　（https://www.courts.go.jp/saiban/syurui/syurui_kazi/kazi_06_25/index.html）

期間まで時間がない、期間を経過した場合

　相続人から相談を受けた時点で3か月の期間まであまり時間がない場合は、期間内に申述できないことを相続人に説明する必要があります。

　このような場合でも、短期間で収集・作成できる書類のみを提出して申述をし、不足している書類を後から提出することにより限定承認または相続放棄が認められる可能性があります。

　また、3か月の期間を経過してから申述することになる場合は、原則として限定承認または相続放棄が認められないことを相続人に説明する必要があります。

　このような場合でも、相続人が債務の存在しないことを過失なく信じており、相続財産の処分に当たる行為もしていないといった事情があるときは、申述の中でそうした事情を説明することにより限定承認または相続放棄が認められる可能性があります。

　限定承認の場合、相続人が期間を経過したとしても、期間を経過していない相続人が他にいるときは、相続人全員について限定承認が認められる可能性があります。

再転相続と相続方法の決定

　再転相続とは、被相続人の相続（一次相続）が開始して、相続人（一次相続人）が自己のために相続の開始があったことを知った時から3か月以内（熟

慮期間）に、限定承認または相続放棄を決めないまま亡くなり、相続人の相続（二次相続）が開始したことをいいます。

再転相続が発生すると、二次相続人は、一次相続人の相続方法を決める必要があります。

二次相続人が、一次相続を承認した場合は、二次相続を承認して被相続人および一次相続人の相続財産を承継することができますが、二次相続を放棄して被相続人の相続財産のみを承継することはできません。

これに対して、二次相続人が、一次相続を放棄した場合は、二次相続を承認して一次相続人の相続財産のみを承継することも、二次相続を放棄して被相続人および一次相続人の相続財産を放棄することもできます。

なお、一次相続の熟慮期間は、二次相続人が、承認または放棄を決めなかった一次相続人としての地位を承継したことを知った時から3か月以内となります（最判令和元年8月9日民集第73巻3号293頁）。

■単純承認したとみなされる場合

次の場合には相続人は単純承認したとみなされ、限定承認および相続放棄をすることはできなくなります（法定単純承認、民法第921条）。

① 相続人が相続財産の全部もしくは一部を処分したとき（保存行為および短期賃貸借を除く）。
② 相続人が3か月の期間内に限定承認または相続放棄をしなかったとき。
③ 相続人が限定承認または相続放棄をした後に、相続財産の全部もしくは一部を隠匿したとき、私的に消費したとき、または知りながら相続財産目録の中に記載しなかったとき（相続放棄により新たに相続人となった者が相続を承認した場合を除く）。

これらの場合、第三者には相続人に相続する意思があるように見えます。そこで、第三者の信頼を保護するため、限定承認および相続放棄ができなくなります。

相続人から限定承認または相続放棄の相談を受けたときは、単純承認したとみなされる事実がないか確認する必要があります。

また、依頼を受けたときは、相続手続業務の中で単純承認したとみなされ

ないように注意する必要があります。
　相続人には、些細な行為であっても確認を取ってから行うように伝えておく必要があります。特に複数の相続人で限定承認をする場合は、すべての相続人に注意するよう伝えておくことが必要です。

相続財産を処分したとされる行為
　一般的に次のような行為があると相続財産を処分したと判断されます。
①　被相続人名義の口座を解約した、預貯金を引き出した。
②　被相続人名義の口座から引き出した預貯金・現金を費消した。
③　被相続人名義の株式を名義変更した、議決権を行使した。
④　被相続人名義の自動車や不動産を名義変更した、売却した。
⑤　被相続人の家財その他の動産を処分した、売却した。
⑥　被相続人が有していた債権を行使した。
⑦　被相続人が負っていた債務を弁済した。
⑧　賃料の振込先を被相続人名義の口座から相続人名義の口座に変更した。
⑨　一般的な金額を超える葬儀費用を被相続人名義の口座または現金から支払った。
⑩　遺産分割協議を行った。
　実務上、債権者から見て相続財産を処分したことがわからない場合や、相続人に代わり他の者が相続財産を処分した場合は、処分に当たらないと判断される可能性があります。
　しかし、これらは例外的な場合に当たるため、基本的に相続人にはこれらの行為を行わないように伝えておくことが重要です。
　相続人が誤って相続財産を売却した場合や、遺産分割協議を行った後に多額の債務が明らかになった場合は、錯誤を理由として売買契約や遺産分割協議を取り消すことで、処分に当たらないと判断される可能性があります。

(1)　相続放棄

■相続放棄の判断
　次のような場合は、相続人は相続放棄をしたほうがよいでしょう。ただし、

相続放棄をすると後から撤回することはできないため、相続放棄をすべきか十分に検討する必要があります。
① 相続人が正の財産と比べて、過大な負の財産を承継することになる場合
② 山林などの管理の難しい財産が相続財産の大きな割合を占めている場合
③ 相続人の間に遺産分割をめぐる紛争があり、相続財産の承継を諦めてでも、紛争に巻き込まれることを避けたい場合
④ 相続財産を別の相続人や相続放棄により新たに相続人となる者に承継させたい場合

■**事実上の相続放棄**

　事実上の相続放棄とは、相続人が遺産分割協議において財産の取得を主張しないことをいいます。

　相続人が事実上の相続放棄をしても、法律上の相続放棄とは異なり、相続人の地位を失うわけではありません。そのため、相続財産に負の財産がある場合に、相続人が正の財産を事実上放棄したとしても、負の財産の負担を免れることはできません。

　相続人が相続放棄を考えている場合は、法律上の相続放棄と事実上の相続放棄、それぞれの利点と欠点を説明することが大切です。

　相続人が相続放棄という言葉を使っている場合、法律上の相続放棄と事実上の相続放棄のいずれの意味で使っているのか確認する必要があります。特に他の相続人が相続放棄をするという話が出てきたときは、他の相続人のいう相続放棄がいずれの意味なのか確認する必要があります。

■**相続放棄の流れ**

　相続放棄の申述を行うときは、申述が受理されるまでの流れを相続人に説明する必要があります。

　相続人が相続放棄の申述を行うと、通常、1か月以内に①家庭裁判所から相続人宛てに照会書（回答書）が送付されるため、相続人に記入の上返送してもらいます。

　照会書を返送し、相続放棄の申述が受理されると、通常、1か月以内に②

第2章　相続手続業務の執行

家庭裁判所から相続人宛てに相続放棄受理通知書が送付されます。
　その際は、相続人に連絡してもらい、③相続放棄受理通知書の写しを送付してもらいます。
　また、必要に応じて④相続放棄受理証明書（図表36）の申請を案内します。他の相続人が相続放棄の申述をした場合は、相続放棄受理通知書または証明書の写しを取得してもらいます。
　他の相続人がこれらの書類の取得に協力してくれない場合は、家庭裁判所に相続放棄・限定承認の有無の照会※を行います。

※　裁判所「相続放棄・限定承認の有無の照会」
　　（https://www.courts.go.jp/tokyo-f/saiban/tetuzuki/syosiki03/index.html）

【図表36　相続放棄受理証明書の例】

相続放棄申述受理証明書

事 件 番 号　　令和6年（家）第＊＊＊＊号

申 述 人 氏 名　　○○●●

被 相 続 人 氏 名　　○○○○
本　　　　　籍　　北海道札幌市中央区北一条西二丁目1番地
死 亡 年 月 日　　令和6年3月20日

申述を受理した日　　令和6年5月20日

　上記のとおり証明する。

　　　　　　　　　　令和6年6月12日
　　　　　　　　　　札幌家庭裁判所審判○係イ
　　　　　　　　　　　裁判所書記官　□□□□

相続放棄した者の管理義務

　相続放棄の申述が受理されても、相続放棄した者は相続財産を放置して良いわけではありません。

　相続放棄した者は、相続人または相続財産清算人が相続財産の管理を始めるまでの間、現に占有している相続財産を自分の財産と同じように注意して保存しなければいけません（民法第940条第1項）。

　相続放棄した者が行う必要のある行為としては、受領した物の保管および引き渡し、税金などの支払い、賃料の取り立て、不動産の修繕、不動産を不法に占有する者の排除などがあります。

(2) 限定承認

■限定承認の判断

　次のような場合は、相続人は限定承認をしたほうがよいでしょう。

　ただし、限定承認をすると後から撤回することはできないため、限定承認をすべきか十分に検討する必要があります。実務上、限定承認は公告や清算など手続が複雑であること、準確定申告が必要となることからあまり利用されていません。

① 負の財産額が正の財産額を上回っているが（債務超過）、相続人が長年暮らしてきた住宅など、費用を支払ってでも承継したい財産がある場合
② 相続財産調査の段階では負の財産が存在しなかったが、新たに負の財産が判明したときに備えておきたい場合
③ 相続財産調査の段階で負の財産額が明らかになったが、将来、その額が増加した、または、新たに負の財産が判明したときに備えておきたい場合

■限定承認の流れ

　限定承認の申述を行うときは、申述が受理されるまでの流れを相続人全員に説明する必要があります。

　相続人が限定承認の申述を行うと、通常、1か月以内に①家庭裁判所から各相続人宛てに照会書（回答書）が送付されるため、各相続人に記入の上返送してもらいます。

照会書を返送し、限定承認の申述が受理されると、通常、1か月以内に②家庭裁判所から各相続人宛てに限定承認受理通知書が送付されます。
　その際は、相続人に連絡してもらい、③限定承認受理通知書の写しを送付してもらいます。相続人が数人いるときは、家庭裁判所が相続人の中から相続財産清算人を選任します。
　限定承認が受理されたときは、5日以内（相続人が数人いるときは、相続財産清算人を選任してから10日以内）に④限定承認の公告を行います。
　限定承認の公告と並行して、⑤明らかになっている債権者および受遺者に対して、個別に催告の文書を送付します。
　また、公告した期間が経過するまでに⑥銀行口座の解約や不動産の競売などを行い、弁済に充てる財産を準備します。
　公告した期間が経過したときは、清算手続を行い、⑦債権者および受遺者に弁済します。
　弁済した後も財産が残ったときは、⑧弁済を受けていない債権者および受遺者に弁済します。清算手続は、数か月から1年ほどかかります。

限定承認の公告
　限定承認をしたときは、すべての債権者および受遺者に対して、限定承認をしたこと、および2か月以上の期間を定めて、その間に請求の申出をすべきことを公告しなければいけません（民法第927条第1項）。
　この公告には、債権者および受遺者が期間内に申出をしないときは弁済から除斥されることも記載します（民法第927条第2項）。
　限定承認の公告は、官報販売所[※1]などに申し込みをしてから官報に掲載されるまで約1週間かかります[※2]。そのため、事前に官報販売所などに連絡して、円滑に公告が掲載されるようにしておきます。
　限定承認の公告は、次のような内容を掲載します。

※1　国立印刷局「官報販売所等一覧」
　　（https://kanpou.npb.go.jp/hanbai.html）
※2　官報販売所「公告のお申し込みから掲載までの流れ」
　　（https://kanpo-kokoku.jp/koukoku-flow/）

【図表37　限定承認公告の例】

```
限定承認公告
　本籍＊＊県＊＊市＊＊区＊＊丁目＊＊番地
　最後の住所＊＊県＊＊町＊＊丘＊＊丁目＊＊番＊＊号
　被相続人　亡　○○○○
　右被相続人は令和＊＊年＊＊月＊＊日死亡し、その相続人は令和＊＊年＊＊月＊＊日＊＊家庭裁判所にて限定承認をしたから、一切の相続債権者及び受遺者は、本公告掲載の翌日から二箇月以内に請求の申し出をして下さい。右期間内にお申し出がないときは弁済から除斥します。
　令和＊＊年＊＊月＊＊日
　＊＊県＊＊市＊＊区＊＊町＊＊丁目＊＊番
　　　相続財産清算人　　□□□□
```

清算手続

　清算手続を行うには、弁済の原資が必要です。そこで、相続財産から弁済に充てる財産を準備します。

　相続人が数人いるときは、相続財産清算人の名義で相続財産管理用の銀行口座を開設します。被相続人の銀行口座に預貯金がある場合は、口座を解約し、相続財産管理用の口座に集約します。

　不動産など弁済のために売却する必要がある相続財産については、競売にかけて金銭に換えます。実務上は、競売にかけるのではなく、債権者および受遺者の同意を得て任意に売却することがあります。

　相続人が相続財産である家に住み続けたい場合は、その価額の全部または一部を弁済することで財産を取得できます。この場合は、家庭裁判所に鑑定人の選任を申し立てる必要があります。

　清算手続では、まず、①公告の期間内に申出をした債権者および明らかになっている債権者に対して、債権額の割合に応じ弁済します。①では優先権を有する債権者から優先的に弁済します。

　債権者に弁済した後は、②申出をした受遺者および明らかになっている受遺者に対して弁済します。

清算手続では、弁済するだけでなく、過払い金の請求なども行います。

次に、残余財産がある場合は、③公告の期間内に申出をしなかった債権者および明らかになっていない債権者に対して弁済します。

債権者に弁済した後は、④申出をしなかった受遺者および明らかになっていない受遺者に対して弁済します。

③④では相続財産に対して特別担保を有する者から優先的に弁済します。残余財産がある場合にも清算手続は続くため、残余財産を費消しないようにする必要があります。

限定承認した相続人の管理義務

限定承認した者は、相続放棄と同様に相続財産を自分の財産と同じように注意して保存しなければいけません（民法第926条第1項）。

相続人が数人いるときは、相続財産清算人が相続財産を管理します。

■準確定申告

限定承認を行うと、被相続人から相続人に対して、相続開始時点の価額に相当する金額により財産の譲渡があったものとみなされ（みなし譲渡、所得税法第59条第1号）、被相続人が財産を所有している期間の値上がり益に所得税が課されます。

相続財産のうち有価証券や不動産は、値上がり益が発生するため、所得税が課されますが、現金は、値上がり益が発生しないため、所得税が課されません。

値上がり益の計算では、財産を取得する際にかかった費用（取得費）[※1]を差し引くことから、財産の評価額を算出する必要があります。

取得費がわからない場合[※2]は、売却金額の5パーセント相当額を取得費とすることができます。

財産の評価は、どのように行うかによって税金の額や弁済に充てる財産の額に影響が生じるため、税理士と連携して行うことが重要です。

みなし譲渡により所得税が課される場合、相続人は、相続の開始があったことを知った日の翌日から4か月以内に所得税の申告と納税をしなければ

いけません（準確定申告）。申告した所得税は、被相続人の負の財産として扱われ、正の財産額が負の財産額を下回る場合、相続人は納税する必要がありません。

※1　国税庁「取得費となるもの」
　　　（https://www.nta.go.jp/taxes/shiraberu/taxanswer/joto/3252.htm）
※2　国税庁「取得費が分からないとき」
　　　（https://www.nta.go.jp/taxes/shiraberu/taxanswer/joto/3258.htm）

2　遺産分割協議

　相続が発生したときに相続人が数人いる場合は、相続財産（遺産）は相続人の共有状態になります。これを共同相続といい、相続財産が分割されるまでの相続人のことを共同相続人といいます。

　共同相続人は、相続財産に対して法定相続分に応じた共有持分をもち、原則として、遺産分割協議を行うことで、相続財産の全部または一部を分割することができます。

　法定相続分は、民法に定められた相続分の目安であり、これを基にして、様々な要素を考慮した相続分（具体的相続分）を計算します。

　具体的相続分の計算で考慮する要素は、相続分を減らす特別受益と相続分を増やす寄与分に分けることができます。

　遺産分割協議において、相続人は、法定相続分または具体的相続分に基づいて、ある程度自由に相続財産の分割方法を決めることができます。ただし、相続人には、相続財産を一定の割合で受けられる権利（遺留分）があるため、相続人の合意がない限り、これを侵害してはいけません。

　遺産分割協議がまとまったときは、合意した内容で遺産分割協議書を作成します。

(1)　特別受益

　特別受益とは、具体的相続分の計算において、被相続人から特別の利益を受けた相続人の相続分を減らす仕組みです（民法第903条第1項）。

第2章 相続手続業務の執行

　特別の利益を受けた場合には、①遺贈を受けた場合、②婚姻や養子縁組のため贈与を受けた場合、③生計の資本として贈与を受けた場合などがあります。特別受益では、相続人が被相続人から受けた利益を考慮することで、相続人間の公平を図ります。

　特別受益のある相続人がいる場合、まず、相続財産に特別受益を加え（特別受益の持ち戻し）、その金額に法定相続分を掛けます。こうして算出された金額が、特別受益のない相続人の具体的相続分となります。

　続いて、この金額から特別受益を除きます。こうして算出された金額が、特別受益のある相続人の具体的相続分となります（図表38）。

　なお、特別受益の価値は、相続が開始した時点を基準として評価することが一般的です。

　特別受益の金額が、特別受益のある相続人の法定相続分を上回る場合があります。この場合、特別受益のある相続人（超過特別受益者）は、相続分を受けることができません（民法第903条第2項）。超過特別受益者は、遺留分を侵害しない限り上回った金額を返還する必要はありません。上回った金額は、他の相続人が負担することになりますが、各相続人の負担部分を計算する方法として、上回った金額に各相続人の法定相続分を掛ける方法と、具体的相続分を掛ける方法があります。

　前者の方法では、上回った金額に他の相続人の法定相続分の比率から算出される負担割合を掛けた金額が各相続人の負担部分となります。例として、相続人が配偶者甲と子乙、丙で、丙に特別受益がある場合は、甲と乙の法定相続分（それぞれ2分の1、4分の1）の比率（2：1）に基づいて、甲の負担割合は3分の2、乙の負担割合は3分の1となります。

　後者の方法では、上回った金額に他の相続人の具体的相続分の比率から算出される負担割合を掛けた金額が各相続人の負担部分となります。例として、甲と乙の具体的相続分が、それぞれ2千万円、5百万円の場合は、その比率（4：1）に基づいて、甲の負担割合は5分の4、乙の負担割合は5分の1となります。

　被相続人が遺贈または贈与をしたときに、相続財産に加える必要がないという意思を表示していた場合は、持ち戻しをしないで相続分を計算します。

これを持ち戻し免除の意思表示といいます（民法第903条第3項）。

　持ち戻し免除の意思表示は、生前に行うことも、遺言により行うこともできます。被相続人が相続人全員に公平に遺贈または贈与をした場合は、黙示の持ち戻し免除の意思表示があったと考えることができます。

【図表38　特別受益】

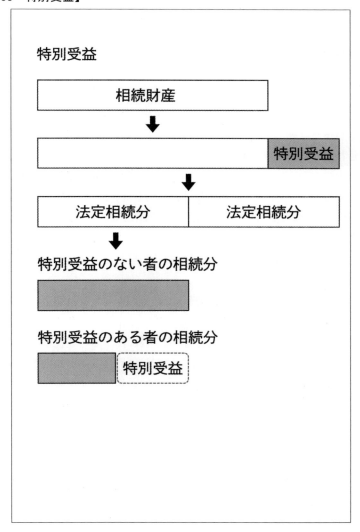

■**特別受益の判断**

　特別受益の趣旨は、相続人間の公平を図ることにあります。そのため、遺贈または贈与が特別受益となるかは、様々な事情を考慮して、被相続人が相続人に対して相続財産の一部を与えたと評価できるかによって判断します。

　遺産分割協議では、各相続人が特別受益に当たると考えるものを主張して、合意したものを相続分の計算に使用します。

特別受益の判断例

① 　土地・建物の贈与、住宅を購入するための資金の贈与、事業用の資産の贈与、事業のための開業資金の贈与などは、一般的には特別受益に当たります。なお、婚姻期間が20年以上の夫婦の間で居住用の建物または敷地を遺贈または贈与したときは、持ち戻し免除の意思表示があったものと推定されます（民法第903条第4項）。

② 　被相続人の土地の上に相続人が借地権の設定を受けて建物を所有・居住しているとき、被相続人が同居している場合は特別受益に当たりませんが、被相続人が同居していない場合は特別受益に当たります。

③ 　高等教育の学費は、一般的には特別受益に当たりません。ただし、海外の大学の学費など、比較的多額の学費を負担したような場合は、特別受益に当たる可能性があります。

④ 　婚姻または養子縁組のための贈与である、支度金、持参金、結納金、挙式費用などは、原則として特別受益に当たりません。ただし、一般的な金額を超える贈与があった場合は、特別受益に当たる可能性があります。

⑤ 　生命保険金の請求権は、遺贈または贈与に当たらず、原則として特別受益に当たりません。ただし、相続財産と比較して生命保険金の金額が大きく、相続人間に著しい不公平が生じる場合は、特別受益に当たる可能性があります。

⑥ 　死亡退職金や遺族給付金は、遺族の生活保障を目的としていて、就業規則などで遺族が支払先として定められている場合は、原則として特別受益に当たりません。ただし、功労報酬としての目的が主であり、遺族が支払先として定められていない場合は、特別受益に当たる可能性があります。

⑦　被相続人が一般的な扶養の範囲内で生活費や保険料などを負担した場合、1回当たりの金額が多額でなければ、長期間にわたることで合計して多額の負担になったとしても、特別受益に当たりません。
⑧　被相続人が相続人の負う多額の債務を肩代わりして求償しなかった場合は、一般的には特別受益に当たります。
⑨　相続人が被相続人から多額の金銭を借りていた場合は、相続人に返済義務があることから、特別受益に当たりません。ただし、被相続人に債務を免除する意思があった場合は、相続人に対する贈与とみなされ、特別受益に当たります。

特別受益の主張の期間制限

　相続の開始した時点から10年を経過した後に遺産分割協議を行う場合、原則として特別受益を主張することができません（民法第904条の3第1号）。
　ただし、相続人全員の同意がある場合は、10年を経過した特別受益を考慮できます。また、令和10年（2028年）4月1日までは猶予期間となり、10年を経過した特別受益を主張できます。

(2)　寄与分

　寄与分とは、具体的相続分の計算において、被相続人の財産の維持または増加に対して、特別の貢献（寄与）をした相続人の相続分を増やす仕組みです（民法第904条の2第1項）。
　寄与分では、相続財産に対して相続人が貢献した部分を考慮することで、相続人間の公平を図ります。
　寄与分のある相続人がいる場合、まず、相続財産から寄与分を除き、その金額に法定相続分を掛けます。こうして算出された金額が、寄与分のない相続人の具体的相続分となります。続いて、この金額に寄与分を加えます。こうして算出された金額が、寄与分のある相続人の具体的相続分となります（図表39）。
　なお、寄与分の金額が、相続財産から遺贈を除いた残額を上回る場合は、残額の範囲内で寄与分を計算します。

第2章 相続手続業務の執行

【図表39 寄与分】

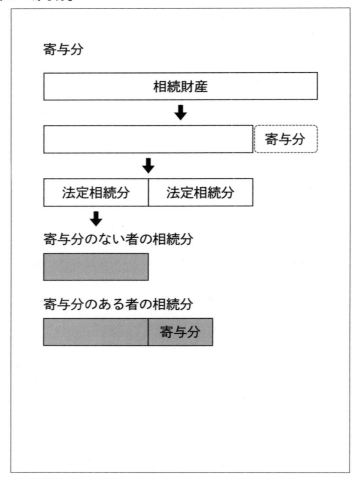

■寄与分の判断
　寄与分が認められるかは、特別の貢献をしたと評価できるかによって判断します。
　特別の貢献をしたというには、①被相続人の財産の維持または増加に貢献したこと、②通常期待される範囲を超える貢献をしたこと、③一定の期間継

続して貢献したこと、④無償または著しく低い報酬しか受けていないことが必要です。

遺産分割協議では、各相続人が寄与分に当たると考えるものを主張して、合意したものを相続分の計算に使用します。

特別の貢献の判断例

① 被相続人の債務を肩代わりした、生活費の大部分を負担したなど扶養の範囲を超える金銭を支払ったことは、特別の貢献に当たります。

　しかし、食費を負担した、小遣いを渡したなど扶養の範囲内で金銭を支払ったことは、特別の貢献に当たりません。また、葬儀費用のように相続の開始した後に金銭を支払ったことも、特別の貢献に当たりません。

② 身体の不自由な被相続人のため、毎日、昼夜を問わず介護をしたことは、特別の貢献に当たります。

　しかし、週に数回、病院への通院や介護サービスの利用のため送り迎えをしたことや、病院や介護施設に出向いて身の回りの世話をしたことは、特別の貢献に当たりません。

③ 家業である農業に従事して、農地を維持し、農作物の収量を拡大させたことは、特別の貢献に当たります。

　しかし、耕作の時期や収穫の時期のようにきまった時期だけ家業を手伝ったことは、特別の貢献に当たりません。

■寄与分の計算

寄与分を計算するときは、類型別に異なる計算方法が用いられ、一般的には次のように金額を求めます。

なお、寄与分は、主張するには証拠が不十分なものが多く、認められたとしても比較的少ない金額になりがちです。

類型別の寄与分の計算方法

① 金銭などの財産を給付した類型において、寄与分は次の金額となります。

　（i） 金銭を贈与した場合は、贈与した金額に貨幣価値変動率を掛けた金額

(ⅱ)　金銭を貸した場合は、利息相当額
　(ⅲ)　不動産を贈与した場合は、相続が開始した時点の不動産評価額
　(ⅳ)　不動産を貸した場合は、相続が開始した時点の賃料相当額に貸した期間を掛けた金額
② 被相続人を扶養した類型において、寄与分は実際に扶養に要した金額となります。
③ 被相続人の財産を管理した類型において、寄与分は通常、第三者に財産の管理を委任する場合の報酬額となります。
④ 被相続人の療養看護を行った類型において、寄与分は通常、看護師やヘルパーを利用する場合の報酬額に療養看護の期間を掛けた金額となります。
⑤ 家業に従事した類型において、寄与分は通常、その事業に従事することで1年間に得られる給与額から生活費などを除いた金額に従事した期間を掛けた金額となります。

寄与分の主張の期間制限

　特別受益と同様に、相続の開始した時点から10年を経過した後に遺産分割協議を行う場合、原則として寄与分を主張することができません（民法第904条の3第1号）。ただし、相続人全員の同意がある場合は寄与分を考慮できます。また、猶予期間中は寄与分を主張できます。

■特別の寄与

　寄与分は、相続人の特別の貢献に対して認められますが、相続人ではない親族が特別の貢献をした場合は、相続人に対して特別の寄与に応じた金銭（特別寄与料）の支払いを請求できます（民法第1050条第1項）。

　相続人ではない親族には、6親等内の血族と3親等内の姻族が当たり、子や孫の配偶者、兄弟姉妹の配偶者、甥・姪などが含まれます。

　特別寄与料は、相続人が負担することになりますが、各相続人の負担部分は特別寄与料の金額に各相続人の法定相続分を掛けた金額となります。なお、特別寄与料の金額が、相続財産から遺贈を除いた残額を上回る場合は、残額

の範囲内で特別寄与料を計算します。

特別の貢献の評価と特別寄与料の計算は、寄与分と同様に考えることができます。

(3) 遺留分

遺留分とは、相続人が、相続財産を一定の割合で受けられる権利のことをいいます（民法第1042条第1項）。

相続人には、兄弟姉妹以外の相続人が当たり、配偶者、子、父母、子の代襲相続人が含まれますが、兄弟姉妹、兄弟姉妹の代襲相続人は含まれません。また、相続を放棄した者、相続欠格または廃除となった者、事実婚の配偶者、離婚した配偶者、被相続人が生前に世話になった親族以外の人などは、相続人ではないため遺留分がありません。被相続人の生前または死後に遺留分を放棄した者は、相続人ですが遺留分はありません。なお、子が相続欠格または廃除となった場合、代襲相続人には遺留分があります。

■遺留分の計算

遺留分を計算する場合は、まず、相続財産に被相続人が生前に贈与した財産の金額を加え、被相続人の負う債務の金額を除きます（民法第1043条第1項）。

贈与は、相続が開始する前の1年間に行ったものが、相続人に対する贈与は、相続が開始する前の10年間に行ったものが対象となります。ただし、当事者双方が遺留分権利者（遺留分をもつ相続人）に損害を与えることを知りながら贈与をしたときは、それより前に行ったものも対象となります（民法第1044条第1項、第3項）。

こうして算出された金額に①直系尊属のみが相続人となる場合は3分の1、②それ以外の者が相続人となる場合は2分の1を掛けた金額が、遺留分の合計金額となります。この遺留分の合計金額に法定相続分を掛けた金額が、各相続人の遺留分となります。

遺留分権利者は、遺留分を放棄することができますが、遺留分の放棄があっても、他の遺留分権利者の遺留分は変わりません（民法第1049条第2項）。

【図表40　遺留分】

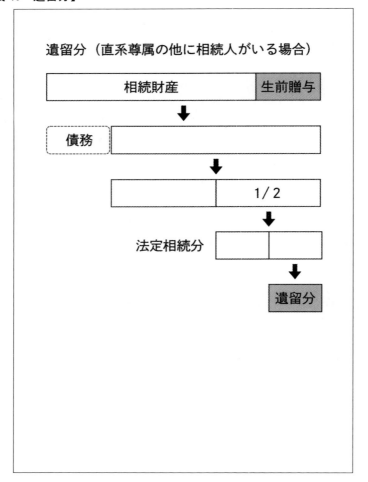

遺留分の計算の例

　配偶者と子2名が相続人となる場合、配偶者は、2分の1に法定相続分2分の1を掛けた4分の1が遺留分の割合となります。子2名は、2分の1に法定相続分4分の1を掛けた8分の1が遺留分の割合となります。

　配偶者と被相続人の母が相続人となる場合、配偶者は、2分の1に法定相

続分3分の2を掛けた3分の1が遺留分の割合となります。被相続人の母は、2分の1に法定相続分3分の1を掛けた6分の1が遺留分の割合となります。

被相続人の父母が相続人となる場合、被相続人の父母は、3分の1に法定相続分2分の1を掛けた6分の1が遺留分の割合となります。

子が相続人、孫2名が代襲相続人となる場合、子は、2分の1に法定相続分2分の1を掛けた4分の1が遺留分の割合となります。孫2名は、2分の1に死亡した子の法定相続分2分の1、孫の法定相続分2分の1を掛けた8分の1が遺留分の割合となります。

■遺留分侵害額請求

遺留分権利者とその承継人は、遺留分を侵害する贈与または遺贈を受けた者に対して、遺留分侵害額に相当する金銭の支払いを請求できます（民法第1046条第1項）。

遺留分侵害額を計算する場合は、まず、遺留分から①遺留分権利者が受けた遺贈の金額、②特別受益に当たる贈与の金額、③特別受益を考慮した具体的相続分（寄与分は除く）に応じて遺留分権利者が取得する財産の金額を除きます。

さらに、相続開始時点の被相続人の債務のうち、遺留分権利者が相続分に応じて承継する債務の金額を加えた金額が、遺留分侵害額となります。

遺留分侵害額請求は、相続の開始および遺留分を侵害する贈与または遺贈があったことを知った時から1年以内（消滅時効）、相続開始の時から10年以内（除斥期間）に行う必要があります。

遺留分侵害額請求は、まず、遺留分を侵害する相手と連絡を取り、直接協議することで解決を目指します。

しかし、相手と直接協議ができない場合や相手が金銭の支払いに同意しないおそれがある場合は、相手に書面を送付して、遺留分に関する権利を行使する旨の意思表示を行います。このとき、意思表示を行ったことを証拠に残しておくため、内容証明郵便を送付して行うことが一般的です。内容証明郵便は、催告による消滅時効の完成猶予（民法第150条第1項）の証拠にもなります。

金銭の支払いに合意した場合は、合意書を作成します。

このとき、相手が金銭を支払わなかった場合に強制執行の手続をとることができることから、合意書を公正証書で作成することもあります。

相手と協議がまとまらない場合は、家庭裁判所に遺留分侵害額の請求調停※を申し立てます。遺留分侵害額の請求調停では、当事者が家庭裁判所で話し合いの機会をもちます。

遺留分侵害額の請求調停でも話がまとまらない場合は、審判には移行せず、請求額に応じて、140万円を超えるときは地方裁判所、140万円以下のときは簡易裁判所に訴えを提起します。

訴えを提起する場合は、原則として、先に調停を申し立てる必要があります（家事事件手続法第257条第1項）。

相手が金銭の支払いに同意してない場合や協議がまとまらず相続人が遺留分侵害額の請求調停を検討している場合は、弁護士に業務を引き継ぐ必要があります。その際は、弁護士と協議の上で必要な書類を収集します。

※　裁判所「遺留分侵害額の請求調停」
　（https://www.courts.go.jp/saiban/syurui/syurui_kazi/lkazi_07_26/index.html）

3　遺産分割協議書の作成

遺産分割協議書は、遺産分割協議で合意した遺産の分割方法をまとめた書類です。

遺産分割協議書は、相続人が数人存在していて被相続人が遺言書を残していないときに、金融機関の相続手続、相続登記の申請、相続税の申告などで必要となります。このような書類を作成しておくことで、遺産分割協議で合意した内容を証明するとともに、遺産分割の内容をめぐり、将来、相続人間で紛争が生じないようにします。

遺産分割協議書は、相続人の1人が預貯金や不動産をすべて相続する場合でも必要となります。

遺産分割協議書は、同一の内容のものを相続人の人数分作成し、各相続人が保管します。

(1) 遺産分割協議書の記載内容

　遺産分割協議書には、定められた書式はありませんが、一般的に図表41、42のような内容を記載します。

　協議書の冒頭には、表題および戸籍謄本等に従って①～③の被相続人の情

【図表41　遺産分割協議書の例1】

遺産分割協議書

被相続人
氏　　　名　　　〇〇　〇〇
生年月日　　　昭和＊＊年＊＊月＊＊日
死亡年月日　　令和＊＊年＊＊月＊＊日
最後の本籍　　＊＊県＊＊市＊＊区＊＊町＊＊丁目＊＊番地
最後の住所　　＊＊県＊＊町＊＊丘＊＊丁目＊＊番＊＊号

　被相続人〇〇〇〇の相続財産について、以下のとおり相続人全員による遺産分割協議が成立した。

第1条　預貯金
　以下の預貯金は、相続人〇〇●●および相続人□□■■が、それぞれ2分の1の割合で相続する。相続人〇〇●●は、相続人を代表して以下の預貯金口座の解約および払い戻しの手続を行い、相続人□□■■の相続分を、相続人□□■■の指定する口座に振り込む方法により引き渡すものとする。なお、振込手数料は相続人□□■■の負担とする。
(1)　＊＊銀行＊＊支店　普通預金
　　　口座番号＊＊＊-＊＊＊＊＊＊＊
(2)　＊＊＊＊銀行＊＊＊　普通貯金
　　　口座番号＊＊＊＊＊-＊＊＊＊＊＊＊＊

第2条　不動産
　以下の不動産は、相続人〇〇●●が相続する。
　（土地の表示）
　　所　　　在　　＊＊県＊＊町＊＊丘＊＊丁目
　　地　　　番　　＊＊番地＊＊
　　地　　　目　　宅地
　　地　　　積　　84平方メートル11

報を記載します。

　次に、④遺産分割協議が成立した旨の記載に続いて、⑤相続財産および⑥その財産を承継する相続人を記載し、その最後に、⑦相続人がその内容で合意した旨および⑧遺産分割協議の成立日を記載します。

【図表42　遺産分割協議書の例2】

```
（主である建物の表示）
所　　在　　＊＊県＊＊町＊＊丘＊＊丁目＊＊番地＊＊
家屋番号　　＊＊番＊＊号
種　　類　　居宅
構　　造　　木造スレート葺2階建
床 面 積　　1階　60平方メートル24
　　　　　　2階　54平方メートル50

第3条　本遺産分割協議書に記載のない財産および上記の財産以外に後日判明した財産については、相続人全員がその財産について、あらためて協議を行うものとする。

第4条　債務
(1)　相続人○○●●は、＊＊銀行の借入金200万円を承継する。
(2)　相続人○○●●は、葬儀費用のすべてを負担する。
(3)　上記の債務以外に後日判明した債務については、相続人○○●●がそのすべてを負担する。相続人○○●●は、他の相続人に対して、上記の債務の弁済について求償しないものとする。

　以上のとおり相続人全員が合意したので、これを証するため本遺産分割協議書を作成し、各相続人がそれぞれ署名捺印のうえ、各1通を保管する。

　　　令和＊＊年＊＊月＊＊日

　　　　＊＊県＊＊市＊＊区＊＊通＊＊丁目＊＊番＊＊号

　　　　相続人　○○　●●　　　　　　　　　㊞

　　　　＊＊県＊＊町＊＊丁目＊＊番＊＊号

　　　　相続人　□□　●●　　　　　　　　　㊞
```

協議書の末尾には、⑨各相続人の住所を記載し、⑩署名・押印をします。
① 被相続人の氏名、生年月日・死亡年月日
② 被相続人の本籍（最後の本籍）
③ 被相続人の住所（最後の住所）
④ 遺産分割協議が成立した旨の記載
⑤ 相続財産
⑥ 相続財産を承継する相続人
⑦ 相続人が合意した旨の記載
⑧ 遺産分割協議の成立日
⑨ 相続人の住所
⑩ 相続人の署名・押印

■遺産分割協議が成立した旨の記載
　遺産分割協議が成立した旨の記載は、一般的に図表43のように記載します。
【図表43　遺産分割協議が成立した旨の記載例】
> 被相続人○○の相続財産について、以下のとおり相続人全員による遺産分割協議が成立した。

■相続人が合意した旨の記載
　相続人が合意した旨の記載は、一般的に図表44のように記載します。
【図表44　相続人が合意した旨の記載例】
> 以上のとおり相続人全員が合意したので、これを証するため本遺産分割協議書を作成し、各相続人がそれぞれ署名捺印のうえ、各1通を保管する。

(2) 相続財産および相続人の記載

　相続財産および相続人は、遺産分割協議の内容により、財産の種類別に記載する方法と相続人別に記載する方法があります。
　財産の種類別に記載する場合は、相続財産を種類別に箇条書きし、それぞ

れ、その財産を相続する相続人を記載します。

相続人別に記載する場合は、相続人が相続する旨の記載に続けて、相続財産を種類別に箇条書きします。

いずれの場合でも、相続財産を特定できるように具体的に記載します。

相続人別に記載する場合は、一般的に図表45のように記載します。

【図表45　相続人別に記載するときの記載例】

第1条　以下の財産は、相続人○○が相続する。 　(1)　預貯金（略） 　(2)　不動産（略） 第2条　以下の財産は、相続人●●が相続する。 　(1)　有価証券（略） 　(2)　自動車（略）

相続税の申告が必要な場合の注意点

相続税の申告が必要な場合は、相続税の申告内容と一致するように、相続財産とその金額をもれなく記載する必要があります。

また、相続財産の分割方法は、相続税の計算に影響することに注意が必要です。そのため、どのような内容の協議書を作成するか、税理士と調整しながら業務を進める必要があります。

■預貯金の記載

預貯金を記載する場合は、①金融機関名、②店舗名（支店名）、③口座の種別、④口座番号を記載して預貯金の口座を特定します。そして、特定した預貯金について、各相続人の相続分、口座の解約および払い戻しの方法、引き渡しの方法などを記載します。

一般的に図表46のように記載します。

【図表46　預貯金の記載例】

第1条　預貯金 　以下の預貯金は、相続人○○および相続人●●が、それぞれ2分の1の

割合で相続する。相続人○○は、相続人を代表して以下の預貯金口座の解約および払い戻しの手続を行い、相続人●●の相続分を、相続人●●の指定する口座に振り込む方法により引き渡すものとする。なお、振込手数料は相続人●●の負担とする。

　＊＊銀行＊＊支店　普通預金　口座番号＊＊＊＊＊＊
　＊＊銀行＊＊支店　定期預金　口座番号＊＊＊＊＊＊
　＊＊＊＊銀行＊＊＊　普通貯金　口座番号＊＊＊＊＊＊
　＊＊＊＊銀行＊＊＊　定期貯金　口座番号＊＊＊＊＊＊

　振り込みの方法には、相続人の代表者が口座を解約して払い戻しを受けた上で、各相続人に分配送金する方法と、相続人の代表者が口座を解約する際に、金融機関から各相続人に指定した割合で分配送金してもらう方法があります。

　預貯金の額は、相続が開始した後も変動する可能性があります。そのため、各相続人が相続する預貯金は、金額ではなく割合で指定するようにします。

　また、被相続人が同一の銀行の複数の支店に口座を保有している場合や同一の支店に複数の口座を保有している場合があります。そのため、普通預金＊＊万円のようにあいまいな記載をするのではなく、支店や口座番号で口座を特定するようにします。

　預貯金や現金は、相続分に従って分割すると端数が発生する場合があります。この場合、相続する預貯金や現金を割合で指定しているときは、端数の扱いを記載する必要はありませんが、相続人間の合意の上で、相続人の1人が端数を取得するなどの扱いを記載することもできます。

■有価証券の記載

　有価証券を記載する場合は、金融機関の口座で保有する有価証券であれば、①金融機関名、②店舗名（支店名）、③口座番号を記載して証券の口座を特定します。また、④有価証券の種類、⑤銘柄、⑥数を記載して相続する有価証券を特定します。

　一般的に図表47のように記載します。

【図表47　有価証券の記載例】

> 第1条　有価証券
> 　以下の有価証券は、相続人○○が相続する。
> 　＊＊銀行＊＊支店　口座番号＊＊＊＊＊＊
> 　　(1)　株式　＊＊＊＊株式会社　＊＊＊＊株
> 　　(2)　投資信託　＊＊＊＊ファンド　＊＊＊＊口
> 　　(3)　国債　第＊＊回利付国庫債権（10年）　＊＊＊＊万円

　金融機関の口座がある場合は、預貯金と同様に支店や口座番号で口座を特定するようにします。

■不動産の記載

　不動産を記載する場合は、登記事項証明書（不動産登記簿謄本）に記載されている内容で不動産を特定します。

　遺産分割協議書は相続登記の申請で必要となる場合があるため、登記事項証明書の内容を正確に記載する必要があります。

　一般的に図表48のように記載します。

【図表48　不動産の記載例】

> 第1条　不動産
> 　以下の不動産は、相続人○○が相続する。
> （土地の表示）
> 　所在　＊＊市＊＊区＊＊町＊＊丁目
> 　地番　＊＊番地＊＊
> 　地目　宅地
> 　地積　＊＊平方メートル
>
> （主である建物の表示）
> 　所在　＊＊市＊＊区＊＊町＊＊丁目＊＊番地＊＊
> 　家屋番号　＊＊番＊＊号
> 　種類　居宅
> 　構造　木造スレート葺2階建

```
    床面積　1階　＊＊平方メートル
            2階　＊＊平方メートル


（一棟の建物の表示）
    所在　＊＊市＊＊区＊＊町＊＊丁目＊＊番＊＊
    建物の名称　＊＊マンション

（専有部分の建物の表示）
    家屋番号　＊＊市＊＊区＊＊町＊＊丁目＊＊番＊＊の301
    建物の名称　301
    種類　居宅
    構造　鉄筋コンクリート造5階建
    床面積　3階部分　＊＊平方メートル

（敷地権の表示）
    土地の符号　1
    所在及び地番　＊＊市＊＊区＊＊町＊＊丁目＊＊番＊＊
    地目　宅地
    地積　＊＊平方メートル
    敷地権の種類　所有権
    敷地権の割合　＊分の1
```

　共有持分のある不動産の場合は、持分を記載します。
　登記事項証明書に記載されている所有者の住所が、戸籍謄本等もしくは住民票の記載と異なる場合、または証明書類を取得できない場合は、相続登記を申請する際に不在籍証明書または不在住証明書が必要となる場合があります。
　このような場合は、協議書に図表49のように記載します。

【図表49　協議書の記載例】

第2条　被相続人と所有権の登記名義人は同一である。

不在籍証明書は、戸籍謄本等に証明対象者が記載されていないことを、不在住証明書は、証明対象者の住民票が存在しないことを証明する書類です。不在籍証明書と不在住証明書は、市区町村でまとめて請求でき、不在籍・不在住証明書という1つの証明書で発行されます。

■配偶者居住権の記載

配偶者居住権は、被相続人の配偶者が、被相続人の所有する建物に相続開始時に居住していた場合に、建物の全部を無償で使用・収益できる権利です（民法第1028条第1項）。

被相続人の配偶者は、遺産分割協議により配偶者居住権を取得できます（同項第1号）。

相続人が配偶者居住権を取得する場合は、不動産の記載の下に図表50のように記載します。

【図表50　配偶者居住権の記載例】

第2条　配偶者居住権 　相続人○○は、相続開始時に居住していた前項の建物について配偶者居住権を取得する。存続期間は、遺産分割協議成立日から相続人○○の死亡時までとする。

■現金の記載

現金は図表51のように記載します。

【図表51　現金の記載例】

第1条　現金 　以下の現金は、相続人○○が相続する。 　　現金　＊＊＊＊万円

■その他の財産の記載

遺産分割協議書に記載のない財産は、次のように記載します。

また、遺産分割協議書を作成した後に新たに財産が見つかる場合があるため、その財産をどのように処理するかも記載します。

財産を処理する方法としては、相続人全員であらためて遺産分割協議を行う方法、各相続人が法定相続分に従い相続する方法、相続人の一部がすべてを相続する方法などがあります。

　後に見つかった財産の額が大きい場合は、基礎控除額を超えることにより相続税を課されるなどの影響が考えられるため、再度遺産分割協議を行うとすることが一般的です。

【図表52　その他の財産の記載例】

・あらためて遺産分割協議を行う場合

第2条　本遺産分割協議書に記載のない財産および上記の財産以外に後日判明した財産については、相続人全員がその財産について、あらためて協議を行うものとする。

・法定相続分に従い相続する場合

第2条　本遺産分割協議書に記載のない財産および上記の財産以外に後日判明した財産については、各相続人が法定相続分に従って相続する。

・相続人の一部がすべてを相続する場合

第2条　本遺産分割協議書に記載のない財産および上記の財産以外に後日判明した財産については、相続人○○がそのすべてを相続する。

■**負の財産の記載**

　相続人が債務を承継する場合や葬儀などの費用を負担する場合は、図表53のように記載します。

　また、遺産分割協議書を作成した後に新たに債務が見つかる場合があるため、その債務をどのように処理するかも記載します。

　債務を処理する方法としては、新たに財産が見つかった場合と同様、相続人全員であらためて遺産分割協議を行う方法、各相続人が法定相続分に従い負担する方法、相続人の一部がすべてを負担する方法などがあります。

　相続人の一部が債務を負担する場合は、求償についても記載します。

【図表53　負の財産の記載例】

第1条　負債
1　相続人○○は、＊＊銀行の借入金＊＊＊＊万円を承継する。
2　相続人○○は、葬儀費用のすべてを負担する。
3　上記の債務以外に後日判明した債務については、相続人○○がそのすべてを負担する。相続人○○は、他の相続人に対して、上記の債務の弁済について求償しないものとする。

■名義財産の記載

　名義財産は、被相続人が資金を拠出しているが、名義は被相続人とは別の者となっている財産です。預貯金、有価証券、自動車、保険などの財産で名義財産が問題となります。

　名義財産となるかは、資金を出した者は誰か、財産を管理している者は誰か、名義人が財産の存在を知っているか、名義人が財産の贈与を受けたという認識があるかなどの事実から判断します。

　名義財産は、形式的には被相続人の財産には当たりませんが、相続財産とみなされると相続税の課税対象となり、申告をしなかった場合に税務調査の対象となる可能性が高くなります。そのため、名義財産が存在する場合は、遺産分割協議書に記載する必要があります。

　名義財産を記載する場合は、図表54のように、名義人の異なる財産の内容、および相続人全員が被相続人の財産であることを確認したことを記載します。

【図表54　被相続人の財産であることを確認するときの記載例】

第1条　相続人全員は、名義人の異なる以下の財産が被相続人の財産であることを確認する。
　預貯金
　　＊＊銀行＊＊支店　普通預金　口座番号＊＊＊＊＊＊　名義人○○

第2条　以下の財産は、相続人○○が相続する。
　預貯金

> ＊＊銀行＊＊支店　普通預金　口座番号＊＊＊＊＊＊　名義人○○

■相続分の譲渡の記載

　相続人は自分の相続分を譲渡することができます。相続人は他の相続人以外の第三者に譲渡することもできますが、他の相続人には相続分の取戻権が認められていて、相続分の価額および譲受人が支出した費用を償還することで相続分を譲り受けることができるため（民法第905条第1項）、第三者よりも他の相続人に譲渡するほうが一般的です。

　なお、相続分の全部を譲渡した相続人は、相続人ではなくなるため、遺産分割協議書に署名・押印をしません。

　相続人が相続分を譲渡した場合は、一般的に図表55のように記載します。

【図表55　相続人が相談分を譲渡したときの記載例】
> 相続人○○は、相続人●●の相続分を無償にて譲り受けたことを確認する。

(3)　相続財産の分割方法の記載

■一部分割の記載

　相続人は、遺産分割協議で相続財産の一部のみを分割することができます（民法第907条第1項）。一部分割では、分割の対象とならなかった残余財産について、一部分割の効力を及ぼす場合と及ぼさない場合があります。

　一部分割の効力をめぐり、将来、相続人間で紛争が生じないようにする必要があります。そこで、図表56、57のように、一部分割の効力を確認したことを記載します。

【図表56　一部分割の効力を残余財産に及ぼすことを確認するときの記載例】
> 第2条　相続人全員は、別紙財産目録記載の残余の財産について、次のとおり分割することを確認する。
> 1　残余の財産の分割においては、上記により分割した財産を含めて総額を評価する。
> 2　その総額に各共同相続人の法定相続分を乗じて算定された相続分から、上記の分割により相続した財産額を控除して共同相続人の残余の財産に対する相続分を算出する。

【図表57　一部分割の効力を残余財産に及ぼさないことを確認するときの記載例】

> 2　相続人全員は、別紙財産目録記載の残余の財産について、上記の分割とは別個独立にその相続分に従って分割することとし、上記の分割が残余の財産の分割に影響を及ぼさないことを確認する。

■代償分割の記載

　代償分割は、相続人の1人が財産を相続する代わりに、他の相続人に対して代償金を支払う分割方法です。

　代償分割は、土地のように分割しないで相続したい財産があり、その財産を相続する相続人に代償金を支払う能力がある場合に利用されます。

　代償分割を行う場合は、代償金の額、支払期限、支払い方法などを記載します。

　一般的に図表58のように記載します。

【図表58　代償分割をするときの記載例】

> 第2条　相続人○○は、前条の財産を相続する代償として、相続人●●に対し、金＊＊＊＊万円を令和＊＊年＊＊月＊＊日までに、相続人●●の指定する口座に振り込む方法により支払うものとする。なお、振込手数料は相続人●●の負担とする。

■換価分割の記載

　換価分割は、相続人が財産を売却して金銭に換え、それを各相続人が相続する分割方法です（図表60）。

　換価分割は、建物のように分割に向かない財産が相続財産の大半を占めていて、相続人の共有となることを避けるために分割したいが、金銭など他の財産を含めても公平に分割することが難しい場合に利用されます。

　不動産を換価分割する場合は、複数の相続人の共有名義としてから売却する方法と相続人の代表者の単独名義としてから売却する方法があります。

　共有名義とする方法には、不動産登記簿上で相続人の分割割合を確認できるという利点がありますが、売却には相続人全員の同意が必要である、手続の途中で相続人が亡くなった、または判断能力が低下した場合に売却に時間

がかかる、各相続人が譲渡所得税の申告をしなければいけないといった欠点があります。

単独名義とする方法には、財産を売却しやすくなるという利点がありますが、代表相続人が他の相続人の意向に反して財産を処分するおそれがある、相続人間の贈与とみなされて贈与税の課税対象となるおそれがあるといった欠点があります。

売却に費用がかかる場合は、各相続人が費用をどのように負担するか記載します。不動産を換価分割する場合は、売却に時間がかかった場合に管理費、修繕積立金、固定資産税などの費用がかかります。そのため、これらの費用を各相続人がどのように負担するか記載します。

また、単独名義とする場合は、相続人間の贈与とみなされて贈与税を課されないようにするため、相続人の代表者による財産の取得が換価分割を目的とするものであることを記載します。

一般的に図表59のように記載します。

【図表59　換価分割をするときの記載例】

・共有名義とする場合

第2条　相続人○○および相続人●●は、前条の財産を売却して、売却代金から売却に伴う一切の費用を控除した金額を、各相続人がそれぞれ2分の1の割合で相続する。相続人○○および相続人●●は、前項の財産を売却して買主に引き渡すまで共同で管理するものとし、その管理費用は、各相続人が相続分に従って負担する。

・単独名義とする場合

第1条　以下の財産は、相続人○○が換価分割を目的として取得する。
　不動産（略）

第2条　相続人○○は、前条の財産を売却して、売却代金から売却に伴う一切の費用を控除した金額を、相続人○○および相続人●●が、それぞれ2分の1の割合で相続する。相続人○○は、前項の財産を売却して買主に引き渡すまで管理するものとし、その管理費用は、相続人○○および相続人●●が、相続分に従って負担する。

【図表60　代償分割と換価分割】

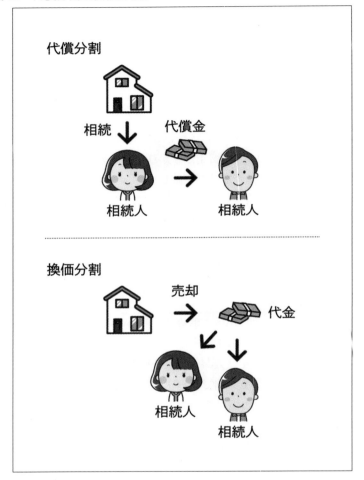

(4) 相続人の住所および署名・押印

　相続人の住所は、住民票に記載されている住所を記載します。相続人の署名は、印鑑登録証明書に記載されている氏名と一致させます。
　相続人の押印は、実印を用います。また、協議書の内容を後から修正できるよう、捨印を押印する場合もあります。

■特別代理人・成年後見人の記載

　相続人の中に未成年の相続人や成年後見人の選任を受けている相続人がいる場合は、特別代理人または成年後見人の住所を記載し、特別代理人または成年後見人が相続人の代わりに署名・押印します。この場合、相続人は遺産分割協議書に署名・押印しません。

　一般的には図表61のように記載します。

【図表61　特別代理人の記載例】

住所　＊＊県＊＊町＊＊丁目＊＊番＊＊号
相続人　〇〇
住所　＊＊県＊＊市＊＊町＊＊丁目＊＊番＊＊号
相続人　〇〇　特別代理人　●●　印

■契印および割印

　遺産分割協議書には、契印および割印を押印することが一般的です。契印および割印は、すべての相続人が押印します。

　契印および割印は、実印である必要はありませんが、通常は実印が用いられます。

　契印は、協議書が2枚以上となる場合に、前後の文書を跨ぐ形で押印します。これにより、すべての文書が連続していることの証明とします。

　協議書が製本された冊子である場合は、ページ間に前後のページを跨ぐ形で押印します。

　冊子のページ数が多い場合は、各ページには押印せず、表紙および裏表紙または表紙のみに製本テープを跨ぐ形で押印する場合があります。

　割印は、すべての相続人の分の協議書をずらして重ね合わせ、すべての協議書を跨ぐ形で押印します。

　これにより、すべての協議書が同一の内容で作成されたことの証明とします。協議書が製本された冊子である場合は、表紙を重ね合わせて押印します。

　契印および割印は、遺産分割協議書が有効であるための要件ではなく、これらがなくても協議書は有効です。

しかし、一般的には契印（図表62上）および割印（図表62下）があることで協議書の改ざんが防止されるため、信頼性が高いとみられます。

【図表62　契印と割印の例】

契印

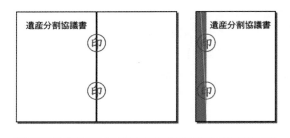

割印

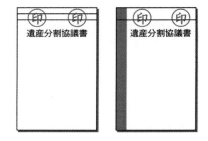

■相続人が海外にいる場合の押印

　相続人が海外に居住していて、日本で転出の手続を済ませている場合は、住民登録および印鑑登録がないため、実印を押印することができません。

　このような場合は、印鑑登録証明書に代わるものとして、大使・領事などが作成する署名証明書（サイン証明書）を協議書に添付する必要があります。

　署名証明書には、1枚の証明書として単独で発行する形式（独立型・単独型）と、署名をした書類に証明書を貼付または合綴して発行する形式（貼付型・合綴型）があります。通常は、大使館・領事館に遺産分割協議書を持参して、大使館・領事館職員の面前で署名をした後に、後者の形式で証明書を発行してもらいます。

(5) 数次相続と遺産分割協議書

　数次相続がある場合は、原則として各相続について遺産分割協議書を作成します。
　ただし、各相続で相続人の構成が変わらないようなときは、例外的に1通の遺産分割協議書にまとめて記載することも可能です。
　まとめて記載する場合は、図表63のように相続人兼被相続人の情報、数次相続の経緯を記載し、相続人兼被相続人の相続人が署名・押印します。

【図表63　1通の遺産分割協議書にまとめる記載例】

```
被相続人　　○○
生年月日　　昭和＊＊年＊＊月＊＊日
死亡年月日　令和＊＊年＊＊月＊＊日
最後の本籍　＊＊県＊＊町＊＊丁目＊＊番地＊＊
最後の住所　＊＊県＊＊町＊＊丁目＊＊番＊＊号


相続人兼被相続人　　●●
生年月日　　平成＊＊年＊＊月＊＊日
死亡年月日　令和＊＊年＊＊月＊＊日
最後の本籍　＊＊県＊＊町＊＊丁目＊＊番地＊＊
最後の住所　＊＊県＊＊市＊＊町＊＊丁目＊＊番＊＊号


　被相続人○○は令和＊＊年＊＊月＊＊日に逝去し、その相続人兼被相続人●●は令和＊＊年＊＊月＊＊日に逝去した。よって、被相続人○○および相続人兼被相続人●●の相続財産について、以下のとおり相続人全員による遺産分割協議が成立した。


第1条　預貯金（略）
第2条　不動産（略）


　以上のとおり相続人全員が合意したので、これを証するため本遺産分割
```

協議書を作成し、各相続人がそれぞれ署名捺印のうえ、各自1通を保管する。
令和＊＊年＊＊月＊＊日

住所　＊＊県＊＊町＊＊丁目＊＊番＊＊号
相続人兼被相続人●●の相続人　　□□　印

住所　＊＊県＊＊市＊＊町＊＊丁目＊＊番＊＊号
相続人兼被相続人●●の相続人　　■■　印

(6) 遺産分割協議証明書の作成

　遺産分割協議証明書は、各相続人が個別に遺産分割協議で合意した内容を認める文書に署名・押印をしたものです。相続人の数が多い場合や相続人が遠方に居住している場合、遺産分割協議書に相続人全員の署名・押印を得るには時間がかかります。
　このような場合に、遺産分割協議証明書であれば相続人全員の署名・押印を必要としないため、効率的に相続人の合意を集約することができます。遺産分割協議証明書は、相続人の代表者がまとめることで、遺産分割協議書と同等の効力をもちます。
　遺産分割協議証明書の内容は、遺産分割協議書とほぼ同じですが、遺産分割協議書と同様に相続人全員の相続を記載する場合と、署名・押印する相続人の相続のみを記載する場合があります。
　なお、図表64のように遺産分割協議が成立した旨の記載が異なります。

【図表64　遺産分割協議が成立した旨の記載例】

・相続人全員の相続を記載する場合

　被相続人○○の相続財産について、以下のとおり相続人全員による遺産分割協議が成立したことを証明する。

・署名・押印する相続人の相続のみを記載する場合

　被相続人○○の相続財産について、以下のとおり相続人●●が相続する

ことを証明する。

(7) 計算書・清算書の作成

　計算書や清算書は、特に決まった名称はありませんが、各相続人が実際に相続する財産の内訳を記載した文書です。

　相続財産から葬儀費用などを控除する場合は、遺産分割協議書と共に計算書や清算書を作成します。計算書や清算書を作成する場合は、実際に相続する財産を計算する流れや、各相続人がどのように費用を負担するのかをわかりやすく記載します。

4　遺産分割調停・審判

　相続人間で遺産分割協議を行ったものの、話がまとまらない場合は、家庭裁判所に遺産分割調停[※1]を申し立てます。遺産分割調停では、相続人が家庭裁判所で話し合いの機会をもちます。

　遺産分割調停でも話がまとまらない場合は、自動的に遺産分割審判[※2]に移行します。遺産分割審判では、裁判官が妥当な遺産分割方法を決定します。

　相続人が多数いるような複雑な事案では、遺産分割調停を申し立てず、初めから遺産分割審判を申し立てる場合もあります。ただし、裁判官の判断により遺産分割調停を行う可能性があります。

　遺産分割方法をめぐり相続人間に争いがあり、遺産分割協議がまとまらない場合は、遺産分割調停に進む可能性があります。

　相続人が遺産分割調停を検討している場合は、弁護士に業務を引き継ぐ必要があります。

　その際は、弁護士と協議の上で必要な書類を提供します。

※1　裁判所「遺産分割調停」
　　（https://www.courts.go.jp/saiban/syurui/syurui_kazi/kazi_07_12/index.html）
※2　裁判所「審判手続一般」
　　（https://www.courts.go.jp/saiban/syurui/syurui_kazi/kazi_02/index.html）

■遺産分割調停

　遺産分割調停では、裁判官1名と調停委員2名で構成される調停委員会が、当事者から提出された資料や聴取した内容を基にして、客観的に妥当な解決案を示します。解決案は、基本的に法定相続分に従った分割方法が示されます。

　相続財産の価値は、当事者が提出した資料や鑑定の結果に基づいて評価されます。しかし、調停委員会は財産の評価を専門とするわけではないため、必ず法定相続分に合致した分割方法が示されるとは限りません。

　当事者が合意した場合は、調停が成立して終了します。

　遺産分割調停では、相続財産の内、正の財産が遺産分割の対象となります。負の財産は、相続開始と同時に当然に相続分に応じて分割されることから、原則として遺産分割の対象になりません。

　なお従来、預貯金は、可分債権として当然に相続分に応じて分割され、遺産分割の対象にならないとされましたが、最高裁判所の判例変更により、当然に相続分に応じて分割されることはなく、遺産分割の対象になるものとされました（最大決平成28年12月19日第70巻8号2121頁）。

■遺産分割審判

　遺産分割審判では、裁判官1名が、職権で事実を調査し、当事者の陳述を聴取して、妥当な解決案を決定します。

■遺産分割方法以外の紛争がある場合

　遺産分割方法ではなく、特定の者を相続人として扱うことや、特定の財産を相続財産として扱うことについて相続人間に争いがある場合は、相続人の地位の不存在確認や遺産確認などの訴えを提起する必要があります。

■相続人間に紛争がある場合の対応

　相続人間に紛争がある場合は、行政書士に業務を行う権限がないため、弁護士に業務を引き継ぐ必要があります。

　業務を受ける前の時点で、遺産の分割方法などをめぐって相続人間に紛争

があることが判明した場合は、業務を受けずに弁護士を紹介します。また、業務の途中で相続人間に紛争が生じた場合は、業務を中断して弁護士に業務を引き継ぎます。

　いずれの場合でも、弁護士が紛争の当事者である相続人の一人から先に業務を受けていると、利益相反となるおそれがあります。そこで、業務を引き継ぐ前に、弁護士に情報を提供して業務を受けることに問題がないか確認してもらいます。

　業務を引き継ぐ場合は、弁護士の指示に従いながら必要な書類を収集・提供します。なお、業務を受けずに弁護士を紹介する場合であっても、弁護士の代わりに基礎調査を行うことがあります。

　相続人間に紛争がない場合であっても、次のような行為は行政書士の権限を外れるため注意する必要があります。
① 　相続人全員ではなく、一部の相続人の代理人として相続手続を行うこと
　　一部の相続人には利益となり、他の相続人には不利益とならないようにする必要があります。
　　相続財産目録や遺産分割協議書を作成したときは、相続人全員に送付して、一部の相続人の意向だけが反映されないようにします。
　　葬儀費用などを相続財産から差し引くときは、一部の相続人の意向で差し引くのではなく、相続人全員の合意を取るようにします。
② 　相続人に代わって相続人間の交渉を行うこと
　　相続人間の交渉では、各相続人が自らの利益を主張することになるため、相続人の代わりに交渉を行わないようにする必要があります。相続人間のやり取りが必要となる場合は、使者として相続人の意思表示を伝達するにとどめます。

■遺産分割調停・審判の後の対応
　遺産分割調停が成立した、または遺産分割審判が確定した後は、その結果をもとに相続手続が行われます。弁護士によっては、紛争処理後の相続手続を行政書士に引き継ぐことに応じている場合があるため、業務の引き継ぎができるか確認します。

第3章 遺産整理業務の執行

　相続人が相続財産をどのように相続するか決定したときは、実際に相続財産を相続人に引き継ぐ遺産整理業務に進みます。
　遺産整理業務では、決定した相続方法および分割方法に従って、相続人全員の代理人として相続財産を各相続人に分配します。

財産管理業務

　財産管理業務とは、遺産整理業務に付随する業務で、行政書士が相続人全員から委任を受けて相続財産を管理・処分する業務を指します。
　令和5年3月13日の総務省の通知では、行政書士の業務に密接に関連する業務に財産管理業務が含まれるとの判断が示されています。
　預貯金を解約する場合であれば、行政書士は自ら管理する相続財産管理口座に預貯金の払戻しを受け、相続手続に関して司法書士や税理士に支払う費用、および相続税などを差し引いた上で、これを各相続人に分配することができます。

遺産整理業務と相続人への報告

　遺産整理業務は、相続人全員の信頼の下で行うことが重要です。
　遺産整理には長い期間がかかることから、相続手続の状況が分からないことに不安や不満をもつ相続人が出てくる可能性があります。
　そこで、業務に大きな進展がある度に、相続人に業務の進捗状況を報告するようにします。
　後述する預貯金の相続手続であれば、①預貯金口座の解約手続を開始した時点、②相続財産管理口座に払戻しを受けた時点、③各相続人の指定した預

貯金口座への振り込みをした時点で相続人に報告することが考えられます。

1　預貯金の相続手続

　相続財産に預貯金がある場合は、金融機関において預貯金口座の解約および払戻し、または名義変更という相続の手続を行います。
　預貯金口座を解約する場合は、解約の後に現金または指定した預貯金口座への振り込みで払戻しを受け、各相続人に金銭を分配します。
　預貯金口座の名義を変更する場合は、払戻しは受けずに名義だけを被相続人から相続人に変更します。
　相続の手続は、金融機関により異なりますが、一般的には次のような流れで行います。
　金融機関が近隣にある場合は、直接店舗に赴いて手続を行うことができます。ただし、金融機関や店舗によっては事前の予約が必要となる場合があります。金融機関が遠方にある場合は、郵送により手続を行うため、書類の送付にかかる期間を考慮する必要があります。
① 　金融機関の窓口または電話などで相続の事実を届出し、相続の手続を依頼します。
② 　金融機関から受け取った依頼書を作成し、必要な書類を用意します。通常、依頼書には相続人全員の実印での押印が必要となります。ただし、金融機関によっては、遺産分割協議書を用意することで、相続人全員の押印は不要となる場合があります。
③ 　金融機関に依頼書および必要な書類を提出します。
④ 　払戻しを受ける場合は、金融機関から現金または指定した預貯金口座への振り込みで払戻しを受けます。
⑤ 　払戻しを受けた場合は、相続財産の分割方法に従って、各相続人に金銭を分配します。

■預貯金の相続手続に必要となる書類
　手続では、一般的に次のような書類が必要となります。

① 依頼書（書類の名称は金融機関により異なります）　依頼書には相続人全員の実印での押印が必要です。
② 通帳、カード等
③ 被相続人の出生から死亡までの戸籍謄本等
④ 相続人全員からの委任状　委任状には実印での押印が必要です。
⑤ 印鑑登録証明書　金融機関により3〜6か月以内に発行された証明書が必要です。
⑥ 相続人全員の戸籍謄本等または認証文を付与された法定相続情報一覧図
⑦ 相続人が複数人いるときは遺産分割協議書

■預貯金の仮払い制度

　金融機関が相続の事実を知ると、預貯金口座が凍結され、遺産分割が終了するまで、預貯金の引き出しや引き落としができなくなります。

　これでは、被相続人の葬儀費用、生前の入院治療費、生活費を預貯金から支払うことができないことから、平成30年の民法改正で預貯金の仮払い制度が設けられました（民法第909条の2）。

　なお、様々な費用の支払いの他、相続手続業務の報酬を事前に支払うことが難しい場合に、この制度を活用して預貯金から報酬を支払うことも考えられます。

　預貯金の仮払い制度では、遺産分割が終了する前であっても、相続人は単独で払戻しを受けることができます。払戻しを受けられる金額は、基本的には、相続開始時の預貯金残高の3分の1に法定相続分を掛けた金額となります。

　ただし、1つの金融機関で払戻しを受けられる金額は、法務省令で定める150万円が上限となります。

　預貯金の払戻しを申請する場合は、次のような書類が必要となります。

① 被相続人の出生から死亡までの戸籍謄本等
② 相続人全員の戸籍謄本等または認証文を付与された法定相続情報一覧図
③ 印鑑登録証明書　金融機関により3〜6か月以内に発行された証明書が必要です。

■預貯金の分配

　預貯金の分配方法には、①現金で払戻しを受け、現金または各相続人の指定した預貯金口座への振り込みで分配する方法、②相続人の指定した預貯金口座への振り込みで払戻しを受け、現金または各相続人の指定した預貯金口座への振り込みで分配する方法があります。

　預貯金口座への振り込みで払戻しを受けるときは、相続人に代わり開設した相続財産管理口座への振り込みを受け、金銭を分配する場合があります。

　相続人が外国に居住している場合、一度に外国に送金できる金額に上限があるほか、金融機関によっては、相続財産管理口座から外国への送金に制限がある場合もあるため、手続に入る前に金融機関に払戻しの方法を問い合わせておく必要があります。

■貸金庫がある場合

　被相続人が貸金庫を契約していた場合は、通常は預貯金と貸金庫の相続手続を同時に行います。ただし、金融機関によっては、貸金庫内に遺言書がある可能性があることから、先に貸金庫の手続を行う必要があります。貸金庫の手続は、直接、店舗を訪れて金庫を開扉することで行います。

　このとき、相続人に代わりすべての手続を行うことはできず、最低でも１人の相続人の立会いが必要となります。また、金融機関によっては、相続人および代理人全員の立会いが必要となります。

　相続人の中に身体が不自由などの理由で立会いが難しい者がいる場合は、金融機関に相談して親族などの立会いを認めてもらう必要があります。

　貸金庫の鍵を紛失していた場合は、新しく作成してもらう必要があります。

2　有価証券の相続手続

　相続財産に株式、投資信託などの有価証券がある場合は、金融機関において株式・投資信託の移管という相続の手続を行います。株式・投資信託の移管では、被相続人の株式・投資信託口座から相続人の口座に株式・投資信託を移動します。

株式・投資信託の払戻しを受ける場合は、移管の後に現金または指定した預貯金口座への振り込みで払戻しを受け、各相続人に金銭を分配します。
　相続の手続は、金融機関により異なりますが、一般的には次のような流れで行います。
① 金融機関の窓口または電話などで相続の事実を届出し、相続の手続を依頼します。
② 金融機関から受け取った依頼書を作成し、必要な書類を用意します。通常、依頼書には相続人全員の実印での押印が必要となります。ただし、金融機関によっては、遺産分割協議書を用意することで、相続人全員の押印は不要となる場合があります。
　また、移管をするには、基本的に相続人が被相続人と同じ金融機関に口座を保有している必要があります。相続人が口座を保有していない場合は、新たに口座を開設する必要があります。
③ 金融機関に依頼書および必要な書類を提出します。
④ 金融機関は株式・投資信託を移管します。被相続人の口座は、一定の期間が経過した後に金融機関の判断で閉鎖します。
⑤ 払戻しを受ける場合は、金融機関から現金または指定した預貯金口座への振り込みで払戻しを受けます。払戻しの時期や方法は、相続人との協議が必要です。
⑥ 払戻しを受けた場合は、相続財産の分割方法に従って、各相続人に金銭を分配します。

■有価証券の相続手続に必要となる書類
　手続では、一般的に次のような書類が必要となります。
① 依頼書（書類の名称は金融機関により異なります。）　依頼書には相続人全員の実印での押印が必要です。
② 相続人が口座を保有していないときは口座開設の申込書
③ 通帳、カード等
④ 被相続人の出生から死亡までの戸籍謄本等
⑤ 相続人全員からの委任状　委任状には実印での押印が必要です。

⑥ 印鑑登録証明書　金融機関により３～６か月以内に発行された証明書が必要です。
⑦ 相続人全員の戸籍謄本等または認証文を付与された法定相続情報一覧図
⑧ 相続人が複数人いるときは遺産分割協議書

3　不動産の相続手続

　相続財産に不動産（土地や建物）がある場合は、相続人の名義への変更手続を行います。相続人に不動産を利用する予定がない場合は、不動産の売却の手続を行います。
　また、相続財産に土地があるものの、相続人に土地を利用する予定がなく、売却も難しいという場合は、相続土地国庫帰属制度の手続を行うことがあります。

(1)　不動産の名義変更の手続

　不動産を名義変更するときは、相続に基づいて所有権移転登記（相続登記）を行います。また、建物が未登記であった場合は、所有権移転登記の前に表題登記を行います。
　登記の申請手続が必要な場合は、行政書士に業務を行う権限がないため、業務を引き継ぐ必要があります。
　所有権移転登記の手続では司法書士に、表題登記の手続では土地家屋調査士に業務を引き継ぎます。業務を引き継ぐ場合は、司法書士や土地家屋調査士の指示に従いながら必要な書類を収集・提供します。
　不動産の名義変更が必要な場合は、相続人に登記の申請の流れと登記業務を司法書士や土地家屋調査士に引き継ぐことを説明します。また、登記の申請にかかる費用の見積りを取ります。
　業務を引き継いだ後は、司法書士や土地家屋調査士と申請の状況を共有し、相続人に進捗状況を説明します。
　不動産の登記が完了した後は、登記識別情報通知を相続人に渡します。この際、通知は再発行されないため厳重に保管すること、隠されている登記識

別情報は将来の登記の申請に用いるため、第三者に利用されないよう目隠しシールを剥がさずに保管することを説明します。

　土地が借地権、地上権などが設定されている底地の場合は、土地の借地権者、地上権者など（借主）は、相続が発生したことを知らない場合があります。そこで、土地の登記が完了した後に借主に対して、相続人が貸主の地位を承継したこと、および賃料、地代などの振込先を通知します（図表65）。

【図表65　賃貸人変更のお知らせ】

令和＊＊年＊＊月＊＊日

＊＊県＊＊町＊＊丁目＊＊番＊＊号
賃借人　△△△△様

　　　　　　　賃貸人変更のお知らせ

拝啓　時下ますますご清祥のこととお喜び申し上げます。
　さて、貴殿と〇〇〇〇との間で平成＊＊年＊＊月＊＊日に締結されました下記土地の賃貸借契約につきまして、令和＊＊年＊＊月＊＊日に〇〇〇〇が逝去し、下記土地の所有権および賃貸人たる地位は、●●●●が相続しましたことをご通知申し上げます。
　また、賃料の支払いにつきましては、令和＊＊年＊＊月＊＊日分より下記銀行口座にお振込みくださいますようお願い申し上げます。

　　　　　　　　　　　　　　　　　　　　　　　　敬具

　　　　　　　　　　　　記

1．土地の表示
＊＊県＊＊町＊＊丁目＊＊番地＊＊

2．振込先
＊＊＊＊銀行＊＊＊＊支店
口座番号　＊＊＊-＊＊＊＊＊＊＊
口座名義人　●●●●

　　　　　　　　　　　　　　　　　　　　　　　　以上

新賃貸人
　住　　所　　＊＊県＊＊市＊＊町＊＊丁目＊＊番＊＊号
　氏　　名　　●●●●
　電話番号　　＊＊＊-＊＊＊＊-＊＊＊＊

■所有権移転登記
　所有権移転登記の申請には、司法書士が作成する書類の他に次のような書類が必要となります。
① 　被相続人の出生から死亡までの戸籍謄本等
② 　被相続人の登記上の住所が戸籍謄本等と異なるときは住民票の除票または戸籍の附票
③ 　相続人の戸籍謄本等および相続関係説明図、または認証文を付与された法定相続情報一覧図
④ 　新所有者の住民票
⑤ 　新所有者からの委任状
⑥ 　固定資産課税明細書　登記申請をする日の属する年度の明細書が必要です。
【遺産分割協議をした場合】
⑦ 　遺産分割協議書
⑧ 　印鑑登録証明書

本人の確認および意思の確認
　司法書士は、所有権移転登記の申請を行う際に、本人の確認および意思の確認を行う義務を負っています。
　そこで、司法書士から直接確認があることを相続人に説明するなど、やり取りが円滑に進むように調整します。

■表題登記
　表題登記の申請には、土地家屋調査士が作成する書類の他に次のような書類が必要となります。
① 　確認通知書または確認済証
② 　工事完了引渡証明書
③ 　検査済証
④ 　被相続人の出生から死亡までの戸籍謄本等
⑤ 　相続人の戸籍謄本等および相続関係説明図、または認証文を付与された

法定相続情報一覧図
　⑥　新所有者の住民票
　⑦　新所有者からの委任状
　⑧　固定資産評価証明書
【遺産分割協議をした場合】
　⑨　遺産分割協議書
　⑩　印鑑登録証明書

■未登記の不動産

　不動産を相続した相続人は、自己のために相続の開始があったことを知り、かつ、不動産の所有権を取得したことを知った日から３年以内に所有権移転登記（相続登記）をしなければいけません（不動産登記法第76条の２第１項）。相続人が、正当な理由もなく不動産を未登記のままにしていると、過料の対象となります。

　不動産が未登記であると、①相続人に所有権があることが登記簿からわからない、②抵当権設定登記ができないため銀行などから不動産を担保にした融資を断られる可能性が高い、③不動産を売却しようとしても買い手を見つけることが難しいといった問題があります。また、建物が未登記であると、固定資産税について建物があることによる軽減措置を受けられないといった問題もあります。

　不動産が未登記であった場合は、このような問題があることを相続人に説明する必要があります。

■複数の登記の申請
登記の一括申請

　登記を申請するときは、原則として、１つの不動産ごとに申請する必要があります（不動産登記令第４条）。

　ただし、①不動産を管轄する法務局が同一、②登記の目的が同一、③登記の原因および日付が同一、④当事者が同一という要件を満たす場合は、複数の不動産の登記をまとめて申請できます（一括申請）。

不動産を管轄する法務局が複数ある、複数の不動産を別の相続人が相続する、複数の不動産における相続人の持分割合が異なるといった場合は、一括申請はできず、不動産ごとに登記を申請する必要があります。
　このような場合は、登記にかかる費用が高くなることを説明しておく必要があります。

建物と土地の登記
　戸建て住宅のように一棟所有の建物の場合は、建物の登記と建物が建っている土地の登記が別に存在するため、建物と土地それぞれ所有権移転登記を行う必要があります。
　これに対して、マンションのように区分所有の建物（区分建物）の場合は、通常、建物に敷地権が付いていますが、敷地権が付いていない場合もあります。
　敷地権が付いている区分建物の場合は、建物の登記に敷地権の情報が記載されているため、建物の所有権移転登記のみを行います。
　敷地権が付いていない区分建物の場合は、建物の所有権移転登記と土地の持分移転登記を行います。

数次相続と不動産の登記
　数次相続が発生している場合、一次相続の被相続人から一次相続人を省略して二次相続人へ直接、所有権移転登記を行う中間省略登記は、原則として認められていません（不動産登記法第25条第5号、第8号、第9号）。そのため、一次相続人と二次相続人それぞれについて、所有権移転登記を行う必要があります。
　ただし、一次相続人が不動産を単独相続し、他の相続人との共有名義とならない場合は、実務上、例外的に中間省略登記が認められています（図表66）。
　二次相続人が土地の所有権移転登記を行うと、一次相続の所有権移転登記について、登録免除税が免税となる措置がとられています（令和9年3月31日まで）。この措置により、中間省略登記が認められない場合でも、土地に限り税負担が軽減されます。

【図表66　中間省略登記】

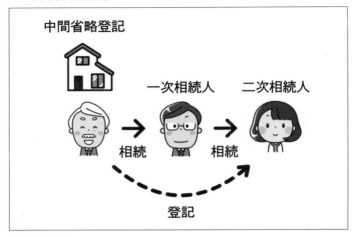

相続登記と贈与登記

相続した不動産を第三者に贈与する場合は、相続を原因とする所有権移転登記（相続登記）と贈与を原因とする所有権移転登記（贈与登記）を行う必要があります。

この場合、相続登記を行ってから贈与登記を行うこともできますが、相続登記と贈与登記の申請を同時に行うこともでき、このような登記の申請を連件申請といいます。連件申請をするときは、共通する必要書類をまとめて提出することができます。

相続登記と抵当権抹消登記

被相続人の相続が開始した後に、住宅ローンなどの主債務を弁済した場合は、先に相続を原因とする所有権移転登記を申請してから、主債務消滅を原因とする抵当権抹消登記を申請する必要があります。団体信用生命保険による住宅ローンの支払いは、この場合に当たります。

被相続人が主債務を弁済したものの抵当権抹消登記を申請する前に相続が開始した場合は、先に抵当権抹消登記を申請してから、所有権移転登記を申請する必要があります。

この場合、遺産分割協議に時間がかかるようなときは、抵当権抹消登記のみを申請することができます。

なお、いずれの場合でも所有権移転登記と抵当権抹消登記の申請は同時に行うことができます（連件申請）。

(2) 不動産の売却の手続

相続人が、不動産を売却する意向がある場合は、不動産売却の専門業者と連携して、不動産の査定や売却の仲介を案内します。相続人が不動産の査定を希望している場合は、専門業者に不動産に関する資料を提供するなどして、査定が円滑に進むように調整します。

相続人が不動産の売却の仲介を依頼するときは、契約（媒介契約）の種類や売却にかかる期間、費用などについて相続人に説明します。また、査定の場合と同様に、契約が円滑に締結できるように調整します。

■媒介契約の種類

媒介契約には、一般媒介契約、専任媒介契約、専属専任媒介契約の3種類があります。

一般媒介契約は、複数の専門業者との間で売却の仲介を依頼できる契約です。この契約では、売主である相続人が買主と直接交渉することもできます。

一般媒介契約には、買い手の幅が広がり、より良い条件で売却できる可能性があるといった利点がある一方で、専門業者に売主への定期的な報告義務がない、積極的な販売活動が期待できないといった欠点があります。

専任媒介契約は、1つの専門業者との間でのみ売却の仲介を依頼できる契約です。この契約では、売主が買主と直接交渉することができます。

専属専任媒介契約は、専任媒介契約のうち、売主が買主と直接交渉することができない契約です。

専任媒介契約、専属専任媒介契約には、専門業者に売主への定期的な報告義務がある、積極的な販売活動が期待できるといった利点がある一方で、買い手の幅が狭まり、売却に時間がかかる可能性があるといった欠点があります。

(3) 相続土地国庫帰属制度の手続

　相続土地国庫帰属制度※は、相続により取得した土地の所有権を国庫に帰属させることのできる制度です。この制度では、相続放棄と異なり、土地の所有権だけを手放すことが可能です。

　相続した土地が利用価値の低い山林や原野であった場合、相続人に土地を利用する予定がなく売却しようとしても、なかなか買い手が見つからないのが普通です。しかし、そのような土地をそのまま放置しておくと、固定資産税や土地の管理にかかる費用を負担し続けることになります。そのような場合に、この制度を活用することで、土地の管理や処分の負担を軽減することができます。

　相続土地国庫帰属の承認申請をするときは、土地の位置や境界を明らかにする書類を提出する必要があります。そのため、土地の状況を調査する土地家屋調査士との連携が必要となります。

※　法務省「相続土地国庫帰属制度について」
　　（https://www.moj.go.jp/MINJI/minji05_00454.html）

■相続土地国庫帰属承認申請の流れ

　相続土地国庫帰属制度を利用するときは、まず、①土地家屋調査士が土地の調査を行います。この調査では、土地の位置、範囲、隣接地との境界点、形状などを調べます。

　②土地家屋調査士は、調査結果をもとにして図面などを作成します。土地家屋調査士の調査が完了したときは、③提供された図面などをもとに申請書を作成します。

　承認申請をするときは、④申請する土地を管轄する法務局に申請書および必要書類を提出します。なお、隣接する土地の境界が不明確など、土地の状況によっては、土地家屋調査士による再度の調査が必要になる場合があります。申請を受けた法務局は、⑤申請された土地の現地調査を行います。現地調査では、法務局から申請者の同行を求められる場合があります。また、土地の状況によっては、事前に草刈りを求められる場合もあります。

法務局による審査が終了すると、申請者に審査結果の通知が送付されます。申請が承認された場合は、申請者は30日以内に負担金を納付しなければいけません。申請者が負担金を納付すると、その時点で土地の所有権が国に移転します。なお、この制度を利用する場合、申請者が所有権移転登記を申請する必要はありません。

4　自動車の相続手続

　相続財産に自動車がある場合は、相続人の名義への変更または売却、廃車の手続を行います。
　これらの手続は、普通自動車の場合は運輸支局、自動車検査登録事務所など、軽自動車の場合は軽自動車検査協会の事務所などにおいて行います。

(1)　名義変更の手続

　相続人が新所有者となる場合は、自動車の名義を相続人に変更します。

■普通自動車の手続

　普通自動車の名義を変更するときは、移転登録申請※を行います。申請には次のような書類が必要となります。

※　自動車検査登録総合ポータルサイト「売買等により譲渡、譲受する手続き」
　（https://www.jidoushatouroku-portal.mlit.go.jp/jidousha/kensatoroku/transfer/index.html）

① 　移転登録申請書　新所有者本人が申請するときは、申請書に新所有者の実印での押印が必要です。
② 　手数料納付書
③ 　自動車検査証（車検証）
④ 　被相続人の出生から死亡までの戸籍謄本等
⑤ 　相続人全員の戸籍謄本等または認証文を付与された法定相続情報一覧図
⑥ 　相続人が複数人いるときは遺産分割協議書など
⑦ 　新所有者からの委任状　委任状には新所有者の実印での押印が必要です。

⑧　印鑑登録証明書　3か月以内に発行された証明書が必要です。

【新所有者と使用者が異なる場合】

⑨　新所有者の住民票もしくは印鑑登録証明書またはこれらの写し　3か月以内に発行された証明書が必要です。

⑩　新使用者からの委任状　申請書に新使用者の記名がある場合は不要です。

【使用の本拠の位置が変更となる場合（証明書適用地域内）】

⑪　自動車保管場所証明書（車庫証明書）　1か月以内に発行された証明書が必要です。

【使用の本拠の位置が変更となる場合（証明書適用地域外）】

⑫　公的機関発行の事業証明書または営業証明書、継続的に拠点があることが確認できる課税証明書、電気・都市ガス・水道・固定電話料金領収書のいずれか　3か月以内に発行された証明書が必要です。

【管轄の運輸局が変更となる場合、またはナンバーを変更する場合】

⑬　自動車登録番号標（ナンバープレート）　車両およびナンバープレートを外すためのドライバーなどの工具が必要です。都道府県によっては、運輸支局の職員にナンバープレートを外してもらえる場合があります。

■軽自動車の手続

　軽自動車の名義を変更するときは、自動車検査証記入申請※を行います。申請には次のような書類が必要となります。この手続では、押印は不要です。

※　自動車検査協会「名義変更（売買・譲渡・その他）」
　　（https://www.keikenkyo.or.jp/procedures/change_name.html）

①　自動車検査証変更記録申請書
②　自動車検査証（車検証）
③　被相続人の出生から死亡までの戸籍謄本等
④　相続人全員の戸籍謄本等または認証文を付与された法定相続情報一覧図
⑤　新所有者の住民票もしくは印鑑登録証明書またはこれらの写し．3か月以内に発行された証明書が必要です。
⑥　新所有者からの申請依頼書

⑦　管轄の軽自動車検査協会が変更となるときは自動車登録番号標（ナンバープレート）

■自動車ローンが残っている場合

　自動車ローンが残っている場合、一般的には自動車の所有者は金融機関やディーラーとなります（所有権留保）。このような自動車の名義を変更するには、ローンを一括返済したうえで、所有権留保を解除しておく必要があります。所有権留保の解除は、名義変更の手続により行います。
　金融機関によっては、ローンを一括返済することなく、使用者の名義のみの変更を認めている場合があるため、手続の前に相談しておく必要があります。

■自動車税の申告

　自動車の新所有者は、自動車税または軽自動車税を申告する必要があります。自動車税・軽自動車税は、毎年4月1日時点の自動車の所有者に対して課され、5月末日（一部の県は6月末日）までに申告しなければいけません。
　自動車を相続する場合は、被相続人の納税義務を相続人が承継するため、4月1日以後に相続により新所有者となった者も税申告が必要です。

(2)　売却の手続

　相続人が自動車を使用せず金銭に換える意向があるときは、自動車販売・買取・解体の専門業者に買い取りを依頼します。相続人が自動車を売却する場合は、自動車の名義を専門業者に変更します。この場合は、事業者と連携して手続に必要な書類を収集・提供します。

■普通自動車の手続

　普通自動車の名義を変更するときは、移転登録申請を行います。申請には通常の申請で必要となる書類の他に、次のような書類が必要となります。
①　相続人の譲渡証明書　譲渡証明書には相続人の実印での押印が必要で

す。
② 相続人からの委任状　委任状には相続人の実印での押印が必要です。

■軽自動車の手続
　軽自動車の名義を変更するときは、自動車検査証記入申請を行います。申請には通常の申請で必要となる書類の他に、次のような書類が必要となります。
① 相続人からの申請依頼書

(3) 廃車の手続

　相続人が自動車を使用せず廃車にする意向があるときは、自動車販売・買取・解体の専門業者に解体を依頼します。
　相続人が自動車を解体する場合は、まず専門業者に自動車を引き渡して解体を行ってもらいます。続いて、専門業者から受け取った書類やナンバープレートを提出して、自動車の登録を抹消します。この場合は、事業者と連携して手続に必要な書類を収集・提供します。

■普通自動車の手続
　普通自動車の登録を抹消するときは、移転登録申請および永久抹消登録申請※を行います。これらの手続は、移転抹消登録として同時に行うことができます。申請には移転登録申請で必要となる書類の他に、次のような書類が必要となります。
※　自動車検査登録総合ポータルサイト「抹消登録」
　　（https://www.jidoushatouroku-portal.mlit.go.jp/jidousha/kensatoroku/about/register/erase/index.html）
① 永久抹消登録申請書
② 解体証明書など解体報告記録がなされた日およびリサイクル券番号（移動報告番号）が記載された書面
③ 相続人の譲渡証明書　譲渡証明書には相続人の実印での押印が必要です。

④　相続人からの委任状　委任状には相続人の実印での押印が必要です。
⑤　自動車登録番号標（ナンバープレート）

■軽自動車の手続

　軽自動車の登録を抹消するときは、解体届出（解体返納）※を行います。普通自動車と異なり名義変更の手続は行いません。届出には次のような書類が必要となります。

※　自動車検査協会「解体返納」
　（https://www.keikenkyo.or.jp/procedures/scrapped/dismantling.html）

①　解体届出書
②　自動車検査証（車検証）
③　使用済自動車引取証明書などリサイクル券番号（移動報告番号）が記載された書面（図表67）
④　相続人からの申請依頼書
⑤　自動車登録番号標（ナンバープレート）

【図表67　使用済自動車引取証明書の例】

（公益財団法人　自動車リサイクル促進センター「自動車を手放すとき」より）

(4)　車検が切れている自動車の手続

　自動車の車検が切れている場合、普通自動車は、名義変更の手続のみを行うことができず、永久または一時抹消登録申請と同時に手続（移転抹消登録）を行う必要があります。
　相続人が新所有者となる場合は、移転抹消登録した後に新規登録申請※を

行います。相続人が新所有者となった後も自動車に乗り続ける場合は、車検（継続検査）を行った後に名義変更の手続を行うことが一般的です。

なお、軽自動車は、車検が切れていても、名義変更の手続を行うことができます。

※　自動車検査登録総合ポータルサイト「新規登録」
（https://www.jidoushatouroku-portal.mlit.go.jp/jidousha/kensatoroku/about/register/new/index.html）

■移転抹消登録の手続

申請には移転登録申請で必要となる書類の他に、次のような書類が必要となります。

① 　一時抹消登録申請書　新所有者本人が申請するときは、申請書に新所有者の実印での押印が必要です。
② 　手数料納付書
③ 　自動車検査証（車検証）
④ 　新所有者からの委任状　委任状には新所有者の実印での押印が必要です。移転抹消登録の場合は移転登録申請の委任状に委任項目を併合できます。
⑤ 　印鑑登録証明書　3か月以内に発行された証明書が必要です。
⑥ 　自動車登録番号標（ナンバープレート）

■新規登録の手続

申請には次のような書類が必要となります。

① 　新規登録申請書　新所有者本人が申請するときは、申請書に新所有者の実印での押印が必要です。
② 　手数料納付書
③ 　自動車重量税納付書
④ 　登録識別情報等通知書
⑤ 　自動車検査証（車検証）、自動車予備検査証、保安基準適合証のいずれか

⑥　自動車損害賠償責任保険（共済）証明書
⑦　新所有者からの委任状　委任状には新所有者の実印での押印が必要です。
⑧　印鑑登録証明書　3か月以内に発行された証明書が必要です。
⑨　新所有者の住民票もしくは印鑑登録証明書またはこれらの写し　3か月以内に発行された証明書が必要です。
【使用の本拠の位置が証明書適用地域内の場合】
⑩　自動車保管場所証明書（車庫証明書）　1か月以内に発行された証明書が必要です。
【使用の本拠の位置が使用者の住所と異なり証明書適用地域外の場合】
⑪　公的機関発行の事業証明書または営業証明書、継続的に拠点があることが確認できる課税証明書、電気・都市ガス・水道・固定電話料金領収書のいずれか　3か月以内に発行された証明書が必要です。

5　生命保険の相続手続

　生命保険金は、受取人が指定されている場合は、受取人の固有の財産となり、相続財産には含まれません。この場合は、一般的には受取人が自ら生命保険金を請求する必要があります。
　保険会社によっては、受取人の代理人として申し出ることで、代わりに手続を行える場合があります。また、受取人が手続を行う場合でも、代わりに必要書類を作成することができます。
　受取人が指定されていない場合や受取人が法定相続人として指定されている場合は、保険会社において解約または名義変更という相続の手続を行います。
　生命保険契約を解約する場合は、指定した預貯金口座への振り込みで解約返戻金の払戻しを受け、各相続人に金銭を分配します。
　契約者の名義を変更する場合は、払戻しは受けずに契約者の名義だけを被相続人から相続人に変更します。
　相続の手続は、保険会社により異なりますが、一般的には次のような流れ

で行います。
① 保険会社の窓口または電話などで相続の事実を届出し、相続の手続を依頼します。
② 保険会社から受け取った依頼書を作成し、必要な書類を用意します。通常、依頼書には相続人全員の実印での押印が必要となります。ただし、保険会社によっては、遺産分割協議書を用意することで、相続人全員の押印は不要となる場合があります。
③ 保険会社に依頼書および必要な書類を提出します。
④ 解約返戻金の払戻しを受ける場合は、保険会社から指定した預貯金口座への振り込みで払戻しを受けます。
⑤ 払戻しを受けた場合は、相続財産の分割方法に従って、各相続人に金銭を分配します。
⑥ 契約者の名義を変更する場合は、保険会社は契約者の名義を相続人に変更し、新しい保険証券を発行します。

■生命保険の相続手続に必要となる書類

手続では、一般的に次のような書類が必要となります。
① 依頼書（書類の名称は保険会社により異なります。）
② 相続人代表者選任届（書類の名称は保険会社により異なります。） 相続人代表者選任届には相続人全員の実印での押印が必要です。
③ 保険証券
④ 死亡診断書、死亡届の記載事項証明書など
⑤ 相続人全員からの委任状　委任状には実印での押印が必要です。
⑥ 印鑑登録証明書　保険会社により3～6か月以内に発行された証明書が必要です。
⑦ 相続人全員の戸籍謄本等または認証文を付与された法定相続情報一覧図
⑧ 相続人が複数人いるときは遺産分割協議書
⑨ 相続人代表者の本人確認書類
⑩ 契約者の名義を変更する場合は、連帯保証人、被保険者、新しく契約者となる者の本人確認書類

6 税の申告手続

　税の申告が必要な場合は、行政書士に業務を行う権限がないため、税理士と連携して手続を進める必要があります。
　相続税の申告には、被相続人が死亡したことを知った日の翌日から10か月以内という期限があるため、税理士側の業務にかかる期間を考慮しながら必要な書類を収集・提供する必要があります。

■数次相続と相続税の申告
　数次相続が発生している場合、二次相続人は一次相続人に課される相続税を申告しなければいけません。この場合、相続税の申告の期限は、一次相続で相続人となる者については、通常の相続と同様に、被相続人が死亡したことを知った日の翌日から10か月以内、二次相続で相続人となる者については、期限が延長され、一次相続人が死亡したことを知った日の翌日から10か月以内となります。
　なお、基礎控除については、被相続人の相続が開始した時点を基準に計算されます。

■相次相続と相続税の控除
　相次相続とは、被相続人の相続が開始してから10年以内に一次相続人の相続が開始することをいいます。相次相続が発生すると、二次相続人に課される相続税から、一次相続人に課された相続税の一部が控除されます。

■代償分割・換価分割と税の申告
　相続財産を代償分割または換価分割で分割する場合は、相続財産の現物を相続人間で分割する場合とは異なる税金が課されることに注意が必要です。
　代償分割で代償金の代わりに不動産を譲り渡す場合、譲り渡した相続人に譲渡所得税が、譲り受けた相続人に不動産取得税などが課されます。換価分割で共有名義とする場合、相続人に譲渡所得税が課されます。

■年金と税の申告

　被相続人の生前に支給されるべき年金で支給されていないものを未支給の年金といいます。遺族は、被相続人が亡くなると未支給の年金を請求できます。

　これは、遺族の固有の権利に基づくことから、原則として、未支給の年金は相続財産となりません。そのため、遺族は、相続を放棄したとしても未支給の年金を請求できます。

　また、遺族が未支給の年金の支給を受けると、相続財産ではないため相続税は課されず、一時所得として所得税が課されます。

　遺族年金（遺族基礎年金、遺族厚生年金）※も未支給の年金と同様に、遺族の固有の権利に基づいて請求できる年金であり、相続財産とはなりません。ただし、確定給付企業年金、特定退職金共済の年金、適格退職年金は、相続税が課されます。

※　国税庁「遺族の方に支給される公的年金等」
　（https://www.nta.go.jp/taxes/shiraberu/taxanswer/shotoku/1605.htm）

■準確定申告

　事案によっては、被相続人の生前の所得税の準確定申告※が必要となる場合があります。準確定申告は、被相続人が死亡した年の1月1日から被相続人が死亡した日までの所得税を相続人が代わりに申告するものです。準確定申告は、被相続人の生前に所得があり、確定申告する必要があった場合に必要となります。

　また、年末調整が行われていない場合、医療費控除を受けられる場合、配偶者控除、扶養控除などを受ける場合にも行います。準確定申告には、被相続人が死亡したことを知った日の翌日から4か月以内という期限があります。

※　国税庁「納税者が死亡したときの確定申告（準確定申告）」
　（https://www.nta.go.jp/taxes/shiraberu/taxanswer/shotoku/2022.htm）

第4章 清算業務の執行

　すべての相続手続業務と遺産整理業務が終了したときは、報酬や費用を清算し、依頼者に収集・作成した書類や返還する原本書類を引き渡します。
　報酬を後払いとする場合は、清算業務が円滑に進むように、あらかじめ契約で報酬の入金を確認した後に書類を引き渡すように定めておきます。また、費用の清算方法についても、あらかじめ契約で定めておきます。
　費用が発生した場合は、どのような費用が発生したのかわかるように、業務の種類と費用の内訳を記載した領収書と明細書を準備します。業務の途中で費用の一部の支払いを受ける場合は、支払いを受けていない費用がないようにします。
　依頼者から原本書類を預かるときや返還するときは、後から書類の返還をめぐってトラブルにならないようにします。
　相続手続や遺産整理は長期にわたるため、依頼者が手続の中でどのような書類をやり取りしたのか覚えていないことがよくあります。そのため、業務が終了した際に、預かっている原本書類を依頼者に単に返還するだけでは、預けたはずの原本書類が見つからないとして、トラブルになる可能性があります。
　後のトラブルを防止するため、原本書類を依頼者から預かるときや依頼者に返還するときは、やり取りした書類をお互いに確認できるようにしておく必要があります。
　そこで、依頼者から書類を預かるときは、預かる書類の種類と数を記載した原本預かり証を依頼者に渡します（図表68）。依頼者に書類を返還するときは、返還する書類の種類と数を記載した原本受領証に署名捺印してもらいます（図表69）。

【図表68　原本預かり証の例】

```
                    原本預かり証

  ●●　●●様

    被相続人　○○　○○様の相続手続の確認書類として、下記の書
  類をお預かりいたしました。
    なお、お預りした書類は、相続手続の完了の時点、または、返却
  のご依頼があった時点で、すみやかにご返却いたします。

                        記

  1．印鑑証明書                        3通

                                          以上

  令和＊＊年＊＊月＊＊日

      手続代行者　　□□　□□
      住　　　所　　東京都＊＊区＊＊町＊＊丁目＊＊番地
      電話番号　　　＊＊－＊＊＊＊－＊＊＊＊
```

【図表69　原本受領証の例】

```
                    原本受領証

    □□　□□様

      下記の書類を受領いたしました。

                        記

  1．印鑑証明書                        3通

                                          以上

      令和　　年　　月　　日

        住所　_____
                                        ㊞
        氏名　_____
```

第2編　遺言業務

　遺言業務とは、遺言者の生前の各種遺言書の作成支援、遺言者の死後の遺言書による相続手続など遺言に関わる業務です。

第 1 章 遺言書の作成

　遺言書の作成の相談を受けた場合は、遺言を残そうとしている者の状況や意向について調べた上で、どのような方式で遺言書を作成するのがよいか提案します。
　遺言書作成の依頼を受けたときは、遺言者の要望に応じて遺言書に記載する内容を検討し、遺言者と調整して遺言書案を作成します。また、遺言書の作成と並行して、財産に関する資料や遺言の作成に必要となる書類の収集も行います。
　遺言の方式によっては、公証役場や家庭裁判所における手続を行う必要もあります。

1　遺言書の作成の検討

　遺言書の作成を始める前に、まず、遺言書を作成する必要があるのか検討する必要があります。そこで、最初に遺言を残そうとしている者の親族関係、財産の内容を把握します。
　遺言書を作成すべき場合は、遺言の方式を検討します。このとき、遺言の執行がどのように行われるか、どの程度の費用と期間がかかるかを説明します。また、祭祀の承継、遺言執行者の指定など財産以外に遺言書に記載したいことについても確認します。

遺言書を作成すべき場合
　次のような場合は、遺言書を作成したほうがよいでしょう。これらの場合は、遺言を作成しなければ、遺言者の望んだとおりに財産を相続させること

ができない、遺産分割協議に時間がかかり手続が進まない、遺産分割をめぐって相続人間で争いが発生する、配偶者が相続財産を生活の当てにしているときはすぐに財産を処分できず生活が困難となるなどの問題が発生するおそれがあることを説明します。
① 子のいない夫婦で配偶者など特定の相続人に財産を渡したい場合
② 内縁の配偶者、相続人の配偶者など相続人ではない者に財産を渡したい場合
③ 複数の子や兄弟姉妹がいる、代襲相続が発生するなど相続人が多数に上る場合
④ 相続人の中に連絡の取れない者がいる場合
⑤ 相続人の中に特別代理人の選任が必要な未成年の子がいる場合
⑥ 相続人どうしの仲が悪く、相続をめぐって紛争となるおそれがある場合
⑦ 再婚していて前の妻や夫との間に子がいる場合
⑧ 不動産はあるが預貯金額は少ないなど財産の種類に偏りがあり、分割の難しい財産がある場合
⑨ 会社の経営者や個人事業主で特定の相続人に事業承継させたい場合

遺言書を作成しなくてもよい場合
　次のような場合は、必ずしも遺言書を作成しなくてもよいでしょう。
　ただし、これらの場合でも遺言書を作成することには、相続手続にかかる期間が短くなる、遺言執行者を指定することで、相続人にかかる手続の負担を軽減できるなどのメリットがあることを説明します。
① 相続人が配偶者と1人の子だけで兄弟姉妹はいないなど相続関係が単純な場合
② 財産が預貯金のみで金額も少ないなど、遺言書がなくても法定相続分に従って分割がしやすく、争いとなるおそれが小さい場合

■外国人が遺言を作成する方法
　外国人が遺言を作成する場合、日本の方式で作成した遺言も有効となります（遺言の方式の準拠法に関する法律第2条第1号）。外国人の親族の多く

が海外に住んでいる場合は、遺言の検認に時間がかかることが予想されるため、自筆証書遺言よりも公正証書遺言を作成したほうがよいでしょう。

　外国人が日本の公証役場で公正証書遺言を作成する際は、通訳を付けることができます。ただし、相続人や受遺者は遺言に立ち会うことが認められないため、それ以外の者に通訳を依頼する必要があります。

　遺言の執行は、財産の所在地の法律に基づいて行われます。国によっては、日本の方式で作成された遺言による執行が認められない場合があります。そこで、外国に財産が存在する場合は、財産ごとに所在地の方式で個別に遺言を作成する必要があります。

■遺言書の作成と遺言執行者の指定

　遺言書の作成を委託された場合は、遺言執行者の選任の必要性についても説明し、遺言書に遺言執行者の指定の記載を入れることで、将来の遺言執行業務に繋げることができます。

　このとき、①遺言執行者を指定しないと、相続人が遺言執行者の選任を申し立てるために費用や時間がかかること、②相続人を遺言執行者に指定すると、相続人も高齢になり遺言の執行が思うように進められない可能性があること、③法律の専門家を指定することで、そのような問題を解決できることを説明し、できるだけ単独で遺言執行者の指定を受けます。

　遺言者が遺言執行者を複数人指定することを希望する場合は、各遺言執行者が単独で遺言を執行できる旨を記載してもらうことで、遺言が執行しやすくなります。

■遺言執行者の報酬と信託銀行の報酬との違い

　遺言執行者の選任について説明する際には、遺言執行者に法律の専門家を選任する場合と信託銀行などを選任する場合の報酬やサービスの違いについて説明します。

　法律の専門家を選任する場合は、一般的に財産額や業務内容から報酬が定められ、遺言の保管や税申告など他のサービスは個別に追加する形となります。税理士など他の専門家への業務委託が必要となる場合は、別途その報酬

が必要となることも説明します。

信託銀行などを選任する場合は、一般的にプランごとに報酬やサービス内容が定められます。通常それらのプランには、遺言の保管や税申告などのサービスが含まれ、報酬もそれらのサービスに必要な分を上乗せしたものとなっています。

■死後事務委任契約書の作成

遺言者は、遺言書を作成することにより、死後の財産の扱いを決めることができます。しかし、死後に行う必要のある事務（死後事務）の扱いを決めるには、遺言書とは別に死後事務の委任が必要となります。

死後事務には、各種行政手続、費用の支払い、契約の解約、遺品や家財の整理などがあり、手間のかかる手続も多くあります。

相続人が遠方に住んでいて死後事務を任せることが難しい場合や、相続人に負担をかけたくないと遺言者が考えている場合は、死後事務の委任を提案します。死後事務ついては、第3編　相続・遺言関連業務において解説します。

■相続税対策が必要となる場合の提案方法

遺言書を作成する場合は、財産を相続させたときの相続税※に注意が必要です。相続税は財産を遺贈するときにも問題となるため、誰にどのような税金が課される可能性があるのか考慮しながら遺言の内容を決める必要があります。

財産の総額が基礎控除の額を超え、相続税が課される可能性がある場合は、相続税対策として利用できる方法を遺言者に説明し、税理士による相続税額の試算を案内します。

基礎控除とは、法定相続人の数に応じて、相続財産の内、一定の額（基礎控除額）が相続税の課税対象とならないことを指します。基礎控除額は、原則として、3000万円に600万円と法定相続人の数を掛けた額を加えた額となります。

遺言により一部の相続人だけに財産を相続させたとしても基礎控除額は減

りません。また、遺言により法定相続人以外の者に遺贈したとしても基礎控除額は増えません。

※　国税庁「財産を相続したとき」

　　（https://www.nta.go.jp/publication/pamph/koho/kurashi/html/05_5.htm）

遺言者に配偶者がいる場合

　遺言者に配偶者がいる場合は、1億6000万円または配偶者の法定相続分相当額のいずれか多い方の額まで、配偶者に相続税が課されません（配偶者の税額の軽減）[※]。

　この仕組みを利用して配偶者に多くの財産を相続させることで、相続税を減らすことができます。ただし、配偶者が多くの財産を相続すると、配偶者が亡くなったときに相続財産の額が多くなり、相続人の数は少なくなることで、相続税が多く課される可能性があります。

※　国税庁「配偶者の税額の軽減」

　　（https://www.nta.go.jp/taxes/shiraberu/taxanswer/sozoku/4158.htm）

財産に預貯金や土地がある場合

　財産に預貯金や宅地として使用されている土地がある場合は、生命保険金の非課税限度額[※1]（500万円に法定相続人の数を掛けた額）、最大80％まで相続税が軽減される小規模宅地等の特例[※2]などを活用することができます。

※1　国税庁「相続税の課税対象になる死亡保険金」

　　（https://www.nta.go.jp/taxes/shiraberu/taxanswer/sozoku/4114.htm）

※2　国税庁「小規模宅地等の特例」

　　（https://www.nta.go.jp/taxes/shiraberu/taxanswer/sozoku/4124.htm）

　遺言者が将来、判断能力が低下したときの財産管理にも不安をもっている場合は、そのようなときに備えておくための財産管理契約や家族信託の活用を提案します。

　相続税の対策を行う場合は、税理士と連携して、財産の評価額を正確に算

定したうえで、様々な対策を行った場合の相続税の額を試算して、適切な対策を提案してもらいます。この際、税理士との調整を行い、財産に関する書類や遺言書の案を提供します。税理士から提案があったときは、遺言者と遺言の内容を検討し、遺言書に反映させます。

2 遺言の方式

民法では、遺言の方式として、普通の方式の遺言および特別の方式の遺言を定めています。普通の方式の遺言には、自筆証書遺言、公正証書遺言、秘密証書遺言の3種類の方式があります。

特別の方式の遺言には、死亡の危急に迫った者の遺言（危急時遺言）、伝染病隔離者の遺言、在船者の遺言、船舶遭難者の遺言の4種類の方式があります。

ここでは、普通の方式の遺言と特別の方式の遺言のうち危急時遺言について解説します。

(1) 自筆証書遺言

自筆証書遺言とは、遺言者が遺言書の全文を自筆で作成する方式を指します。自筆証書遺言には、特別な手続が不要で費用がかからない、第三者に遺言の内容を知られずに遺言を作成できるといったメリットがあります。

一方で、一定の方式に従って遺言書を作成する必要があり、不備があると遺言が無効になるおそれがある、保管している遺言を紛失するおそれがある、相続人が遺言書の存在に気付かない、または遺言書の発見が遅れるおそれがある、遺言の検認の必要があるといったデメリットがあります。

自筆証書遺言を作成するとき、遺言者は、遺言の全文、日付を自書し、署名・押印する必要があります（民法第968条第1項）。押印は、実印で行う必要はありませんが、偽造・変造を防ぐため実印で行うほうがよいでしょう。

なお、自筆証書遺言に相続財産目録を添付する場合は、目録を自書する必要はなく、パソコンなどで作成することができます（民法第968条第2項）。この場合、目録の各ページに署名・押印する必要があります。

■自筆証書遺言の作成の流れ

自筆証書遺言の作成は、次のような流れで行います。遺言書は封印をしなくても有効ですが、第三者による遺言書の偽造・変造を防ぐため、封印をしたほうがよいでしょう。
① 遺言者の財産を把握します。
② 遺言者の財産を特定できる資料を収集します。
③ どの財産を誰にどのくらい相続させるか、遺言者の意思を確認します。
④ 遺言書の原案および相続財産目録を作成します。
⑤ 遺言者と原案の内容を調整し、最終案を作成します。
⑥ 遺言者に最終案を渡し、方式に従って遺言書を作成してもらいます。
⑦ 自筆証書遺言保管制度を利用しない場合は、遺言書を封筒に入れて封印します。封筒には遺言書と記載するなど、遺言書が入っていることが分かるようにします。
⑧ 自筆証書遺言保管制度を利用する場合は、必要な書類を収集して遺言者に渡し、法務局で遺言書の保管の申請を行ってもらいます。

■自筆証書遺言の作成に必要となる書類

自筆証書遺言を作成する場合は、次のような書類が必要となります。
① 遺言者と相続人の関係がわかる戸籍謄本等
② 相続人の住所や氏名がわかる住民票
③ 財産に関する書類（預金通帳、残高証明書、登記事項証明書、保険証券など）

■つなぎの遺言としての自筆証書遺言

自筆証書遺言は、公正証書遺言を作成するまでの「つなぎ」として作成する場合もあります。遺言者は公正証書遺言を作成しようと考えているが、遺言書に記載したい内容に不確定な事項がある場合、その事項を除いて遺言を作成すると、その事項が確定した場合に再度、公正証書遺言を作成しなければならず、費用と時間がかかります。
・しかし、その事項が確定するまで遺言の作成を遅らせると、その間に遺言

者が亡くなる可能性があり、遺言を残せない危険があります。また、公正証書遺言の作成を予定している遺言者の病状が悪化したという場合、遺言の作成までの間に遺言者が亡くなる可能性があり、やはり遺言を残せない危険があります。

　そこで、このような危険を避けるため、つなぎの遺言として自筆証書遺言を作成することが考えられます。つなぎの遺言を作成する場合、遺言者の体調が優れないときは、複雑な遺言を作成することは避け、最低限の必要な事項を簡潔に記載するようにします。

　なお、遺言者に生命の危機が迫っていて、自筆証書遺言を作成する余裕もない場合は、危急時遺言の作成を検討します。危急時遺言については、(4)危急時遺言で解説します。

(2) 公正証書遺言

　公正証書遺言※とは、公証人が遺言者の口述を筆記して、公正証書の形式で遺言書を作成する方式を指します。

　公正証書遺言には、公証人により厳格な方式で作成されるため、遺言が無効になるおそれが小さい、専門家である公証人が介在することで、複雑な内容の遺言にも対応しやすい、遺言書の原本が公証役場で保管されるため、遺言書の紛失や第三者による偽造・変造のおそれがなく、証拠力が高い、遺言の検認の必要がないといったメリットがあります。

　一方で、公証役場での手続のために時間や費用がかかるといったデメリットがあります。

　公正証書遺言を作成するとき、通常、遺言者は証人2人の立会いの下で公証人と面談し、①本人確認を行った上で、遺言の内容を口述します。公証人は、②遺言の内容を筆記し、それを遺言者と証人に読み聞かせるか閲覧させます。遺言者と証人は、③筆記した内容が正確であることを確認し、署名・押印します。押印は、遺言者の場合は実印で行う必要がありますが、証人の場合は実印で行う必要はありません。

　なお、遺言者が署名できない場合は、公証人が署名できない事由を付記します。最後に公証人は、④証書を方式に従って作成した旨を付記して、署名・

押印します。
※日本公証人連合会「公証事務　2　遺言」
　（https://www.koshonin.gr.jp/notary/ow02）

■公正証書遺言の作成の流れ
　公正証書遺言の作成は、次のような流れで行います。
　年末や年度末の時期など、公証役場が混雑しやすい時期は、遺言を作成する日時の調整が難しい場合があります。
　遺言者に遺言の作成にかかる期間を説明するときは、公証役場での手続が遅れる可能性を考慮する必要があります。また、公証役場と日時を調整するときは、あらかじめ遺言者に都合のよい日時を多めに確認しておく必要があります。

遺言書案を作成する流れ
① 　遺言者の財産を把握します。
② 　遺言者の財産を特定できる資料を収集します。
③ 　どの財産を誰にどのくらい相続させるか、遺言者の意思を確認します。
④ 　遺言書の原案および相続財産目録を作成します。
⑤ 　遺言者と原案の内容を調整します。
⑥ 　公証人にメールなどで原案を示して遺言の内容や意図を説明します。
⑦ 　公証人から変更すべき部分などの意見を聞き、遺言の内容を調整します。
⑧ 　公証人は調整した内容を基に遺言書案を作成します。
⑨ 　公証役場と遺言を作成する日時や場所を調整します。

公正証書遺言を作成する当日の流れ
① 　公証人は遺言者と証人の本人確認を行います。
② 　公証人は遺言の内容を口述します。
③ 　公証人は遺言の内容が遺言者の意思に相違ないことを確認します。
④ 　遺言者、証人、公証人は、遺言書に署名・押印します。
⑤ 　遺言書の正本と謄本を受け取り、手数料を支払います。

■公正証書遺言の作成に必要となる書類
　公正証書遺言を作成する場合は、次のような書類が必要となります。

遺言書案の作成に必要となる書類
① 　遺言者と相続人の関係がわかる戸籍謄本等
② 　相続人の住所や氏名がわかる住民票
③ 　財産に関する書類（預金通帳、残高証明書、登記事項証明書、保険証券など）
④ 　遺言者の印鑑登録証明書　3か月以内に発行された証明書が必要です。

公正証書遺言を作成する当日に必要となる書類
　公正証書遺言を作成する当日は、次の書類および遺言者の実印が必要となります。また、事前に公証役場から示される手数料を遺言者に用意してもらいます。
① 　遺言者および証人の本人確認書類　顔写真付きの公的身分証明書が必要です。

■公正証書遺言の作成時の証人の用意
　公正証書遺言を作成するときは、2人以上の証人の立会いが必要です（民法第969条第1項第1号）。証人となる人を用意できる場合は、遺言者に証人を用意できることを伝えておきます。
　証人を用意できない場合は、未成年者、推定相続人、受遺者などの欠格事由（民法第974条各号）がある者に注意しながら、遺言者の知り合いなどに証人となることを依頼します。その際、当日に証人が来られない場合に備えて、複数人に依頼するようにし、公証役場に行く時間や本人確認書類など持ち物についても説明しておきます。
　公証役場によっては、10000円前後の費用で証人を紹介してもらえます。

■公正証書遺言の作成にかかる手数料
　公正証書遺言を作成する場合は、手数料がどの程度かかるのか説明する必

要があります。特に遺言者が病気のために入院するなどして、公証役場に行くことが難しいような場合は、手数料が加算されることを説明します。

公証人の手数料は、公証人手数料令で定められています（図表70）。公正証書遺言の作成にかかる手数料は、遺言の目的である財産の価額により決まり、財産を相続する、または遺贈を受ける人ごとに財産の価額から手数料が算出され、それらが合算されます（公証人手数料令第9条、別表）。

全体の財産が1億円以下のときは、その金額に1万1000円が加算されます（遺言加算、公証人手数料令第19条）。この他、次のような費用が加算されます。

遺言書の原本が縦書きで4枚を超えるとき、または横書きで3枚を超えるときは、超える1枚ごとに250円が加算されます。正本および謄本の交付を受けるときは、1枚ごとに250円が加算されます。

遺言者の病床で遺言書を作成する場合は、合算した手数料の金額の50%が加算されることがあります（病床執務加算）。公証人が、病院、自宅、老人ホーム、介護施設などに出張して遺言書を作成する場合は、公証人の日当および現地までの交通費が加算されます（日当、交通費）。

【図表70　公証人手数料】

目的の価額	手数料
100万円以下	5,000円
100万円を超え200万円以下	7,000円
200万円を超え500万円以下	11,000円
500万円を超え1,000万円以下	17,000円
1,000万円を超え3,000万円以下	23,000円
3,000万円を超え5,000万円以下	29,000円
5,000万円を超え1億円以下	43,000円
1億円を超え3億円以下	43,000円に超過額5,000万円までごとに13,000円を加算した額
3億円を超え10億円以下	95,000円に超過額5,000万円までごとに11,000円を加算した額
10億円を超える場合	249,000円に超過額5,000万円までごとに8,000円を加算した額

(3) 秘密証書遺言

　秘密証書遺言とは、遺言者が遺言書を作成した後に封印し、公証人が、遺言書が遺言者のものであること、および遺言書が封印されていることを証明する方式を指します。

　秘密証書遺言には、遺言の内容を秘密にしておくことができる、厳格な方式で作成され、公証人の確認を受けるため、自筆証書遺言と比べて第三者による遺言の偽造・変造のおそれが小さい、公正証書遺言と比べて遺言の作成にかかる時間や費用が少ないといったメリットがあります。

　一方で、一定の方式に従って遺言書を作成する必要があり、不備があると遺言が無効になるおそれがある、保管している遺言を紛失するおそれがある、相続人が遺言書の存在に気付かない、または遺言書の発見が遅れるおそれがある、遺言の検認の必要があるといったデメリットがあります。

　秘密証書遺言は、自筆証書遺言および公正証書遺言と比べると作成される遺言の数は少なく、1年間に100件程度となっています。

　秘密証書遺言を作成するとき、遺言者は、遺言の全文、日付を記載し、署名・押印した後に、遺言書を封筒に入れ、遺言書に押印したものと同じ印章で封印する必要があります（民法第970条第1項第1号、第2号）。押印は、実印で行う必要はありませんが、偽造・変造を防ぐため実印で行うほうがよいでしょう。

　秘密証書遺言では、自筆証書遺言と異なり、遺言の全文、日付を自書する必要はなく、パソコンなどで作成することができます。また、公正証書遺言と異なり、公証人は遺言の内容を確認しません。

　なお、秘密証書遺言の方式に不備があっても、自筆証書遺言の方式を満たしている場合は、自筆証書遺言としての効力があります（民法第971条）。

　そこで、遺言が無効となる可能性を減らすため、遺言の全文、日付を自書して、自筆証書遺言としても有効な方式で作成しておくことが考えられます。

■秘密証書遺言の作成の流れ

　秘密証書遺言の作成は、次のような流れで行います。

遺言書を作成する流れ
① 遺言者の財産を把握します。
② 遺言者の財産を特定できる資料を収集します。
③ どの財産を誰にどのくらい相続させるか、遺言者の意思を確認します。
④ 遺言書の原案および相続財産目録を作成します。
⑤ 遺言者と原案の内容を調整し、遺言書案を作成します。
⑥ 遺言者に遺言書案を渡し、確認した上で署名・押印してもらいます。
⑦ 遺言書を封筒に入れて封印してもらいます。封筒には遺言書と記載するなど、遺言書が入っていることが分かるようにします。
⑧ 公証役場と遺言を証明する日時や場所を調整します。

秘密証書遺言の証明を受ける当日の流れ
　封紙は、遺言書を入れた封筒を使用しますが、封筒が小さい場合は、別紙に記載したものを封筒に添付し、遺言者、証人、公証人は、契印を押印します。
① 公証人は遺言者と証人の本人確認を行います。
② 遺言者は封印した遺言書を公証人に提出します。
③ 遺言者は遺言書が自分のものであること、氏名、住所を申述します。
④ 公証人は当日の日付と遺言者の申述内容を封紙に記載します。
⑤ 遺言者、証人、公証人は、封紙に署名・押印します
⑥ 遺言書を受け取り、手数料を支払います。

■秘密証書遺言の作成に必要となる書類
　秘密証書遺言を作成する場合は、次のような書類が必要となります。

遺言書の作成に必要となる書類
① 遺言者と相続人の関係がわかる戸籍謄本等
② 相続人の住所や氏名がわかる住民票
③ 財産に関する書類（預金通帳、残高証明書、登記事項証明書、保険証券など）

秘密証書遺言の証明を受ける当日に必要となる書類
① 遺言者および証人の本人確認書類　顔写真付きの公的身分証明書が必要です。

■秘密証書遺言の作成時の証人の用意
　秘密証書遺言を作成するときは、2人以上の証人の立会いが必要です（民法第970条第1項第3号）。証人となる人を用意できる場合は、遺言者に証人を用意できることを伝えておきます。

　証人を用意できない場合は、未成年者、推定相続人などの欠格事由（民法第974条各号）がある者に注意して、遺言者の知り合いなどに証人となることを依頼します。その際、当日に証人が来られない場合に備えて、複数人に依頼するようにし、公証役場に行く時間や本人確認書類など持ち物についても説明しておきます。

　公証役場によっては、10000円前後の費用で証人を紹介してもらえます。

■秘密証書遺言の証明にかかる手数料
　秘密証書遺言を作成する場合は、手数料がどの程度かかるのか説明する必要があります。秘密証書遺言の作成にかかる手数料は、公証人手数料令で1万1000円と定められています（公証人手数料令第28条）。この他、病床執務加算、日当、交通費などがかる場合があります（第2編第1章2（2）「公正証書遺言」を参照）。

(4) 危急時遺言

　危急時遺言（死亡の危急に迫った者の遺言）とは、遺言者が病気や事故などにより生命の危機が迫った状態で遺言の内容を口述し、他者がそれを筆記する方式を指します。

　秘密証書遺言には、緊急時に簡易な方式で遺言を残すことができる、遺言者が遺言の内容を自筆する必要がないといったメリットがあります。

　一方で、家庭裁判所への申立てが必要となる、遺言者の署名・押印がないため、遺言の効力が問題となる可能性がある、遺言者の口述した内容をその

まま記録するため、遺言の内容にあいまいな部分が存在する可能性があるといったデメリットがあります。

　家庭裁判所は、遺言の確認の際に危急時遺言を作成した経緯を証人に質問します。そのため、危急時遺言を作成するときは、証拠として周囲の状況、遺言者や証人の様子などを録画、録音、メモなどを用いて記録するようにします。また、遺言者の意思は慎重に確認し、遺言者の口述内容と遺言書の記載に食い違いが生じないようにする必要があります。

　危急時遺言は、遺言者が普通の方式の遺言をできるようになった時から6か月間生存していたときは、効力を失います（民法第983条）。危急時遺言を執行する際は、後述する遺言の確認を受けていたとしても、遺言の検認が必要となります。

■危急時遺言の作成の流れ
　遺言者のため危急時遺言を作成する必要がある場合は、次のような流れで行います。
① 　遺言者が生命の危機が迫った状態にあることを確認します。
② 　遺言者の意思を確認します。
③ 　遺言者は遺言の内容を口述します。
④ 　証人の1人は遺言の内容を筆記し、それを遺言者と証人に読み聞かせるか閲覧させます。
⑤ 　証人は、筆記した内容が正確であることを確認し、署名・押印します。

■遺言の確認の申立て
　危急時遺言を作成したとき、証人の1人または利害関係人は、遺言の日から20日以内に家庭裁判所に遺言の確認を申し立てる必要があります（民法第976条第4項）。

　遺言の確認は、遺言者の生存中は遺言者の住所地の、遺言者の死亡後は相続が開始した地の家庭裁判所に申し立てます。申立てから確認までは、1～2か月ほどかかります。

　遺言の確認は、次のような流れで行います。

① 証人の1人または利害関係人は、家庭裁判所に遺言の確認を申し立てます。
② 家庭裁判所は、遺言者、証人、遺言者の治療に当たる医師や看護師などから事情を聴取して、資料の提出を求めます。
③ 家庭裁判所は、危急時遺言が遺言者の真意に出たものであるとの心証を得た場合は遺言を確認します。

遺言の確認の申立てに必要となる書類
　遺言の確認を申し立てる場合は、次のような書類が必要となります。
① 家事審判申立書
② 申立人の戸籍謄本
③ 遺言者の戸籍謄本等
④ 証人の住民票または戸籍の附票
⑤ 遺言書の写し
⑥ 医師の診断書　遺言者が生存しているときに必要となります。

■危急時遺言の作成時の証人の用意
　危急時遺言を作成するときは、遺言者の口述を筆記する者を含めて3人以上の証人の立会いが必要です（民法第976条第1項）。
　証人を用意できない場合は、未成年者、推定相続人などの欠格事由（民法第974条各号）がある者に注意して、看護師や遺言者の知り合いなどに証人となることを依頼します。

3　遺言者の遺言能力

遺言能力とは
　遺言能力とは、遺言を有効に作成することのできる能力を指します。遺言者が有効な遺言を作成するには、遺言の作成時に遺言能力を有することが必要となります（民法第963条）。
　遺言者は、15歳以上であることが必要です（民法第961条）。

また、一般的に遺言者に遺言能力が認められるためには、意思能力、すなわち遺言の内容を理解して、遺言の結果として、どのような法的効果が発生するかを理解することができる能力が必要とされます（事理弁識能力）。

■**意思能力の判断**

　意思能力の有無を判断する場合は、遺言者に遺言の内容を十分に理解できるだけの判断能力があるかを評価する必要があります。
　遺言者に求められる判断能力の程度は、遺言の内容によって異なります。遺言の内容が複雑になるほど、遺言者に求められる判断能力の程度も高くなります。
　そのため、遺言者の判断能力が低下している場合は、遺言者が理解できる程度の単純な内容の遺言を作成する必要があります。
　相続人の中に遺言の内容に不満をもつ可能性のある者がいる場合は、後から判断能力が問題となるおそれがあります。そのため、特に慎重に判断能力を評価する必要があります。
　遺言者の判断能力を評価する際は、遺言者と直接会話をして、遺言者がどのような心身の状態にあるか、意思疎通ができるか、遺言の内容を理解できるかを確認する必要があります。遺言者と会話することの他にも、遺言者の家族、病院や介護施設の職員などからも話を聞き、医師の診断書なども参考にします。
　認知機能の低下や精神の障害が見られ、記憶があいまいな場合や、会話の内容や行動に不自然な部分が見られる場合は、判断能力に問題がある可能性が高くなります。また、遺言者の心身の状態には波があるため、直接会ったときには、会話ができる程度に判断能力が回復していたが、普段は判断能力の低下で会話ができないことが多いという場合もあります。

■**公証人の特徴を把握すべき場合**

　公正証書遺言を作成する場合、公証人は、あらかじめ遺言者の状態について聞き取った上で、面談した際に意思能力を判断します。意思能力をどのように判断するかは、各公証人に委ねられています。

遺言者の心身の状態に波があるような場合、遺言の作成が難しいと判断する公証人と事情を汲んである程度、臨機応変に判断する公証人がいます。そこで、あらかじめ公証人の特徴を把握しておくことが重要となります。
　普段から案件を依頼する公証人がいると、判断が微妙な事案でも柔軟に対応してもらえる可能性が高くなります。ただし、常に同じ公証人に依頼できるとは限らないため、他の公証人に依頼することになっても対応できるようにしておく必要があります。

4　遺言書の記載内容

　遺言書には、定められた書式はありませんが、一般的に次のような内容を記載します。
　遺言書の冒頭には、表題および①遺言者が遺言をする旨を記載します。次に、遺言書に記載することで法的効果が発生する、②遺言事項を記載します。続いて、それ以外の事項である、③付言事項を記載します。最後に④遺言の作成日を記載します。遺言書の末尾には、⑤遺言者の住所を記載し、⑥署名・押印をします。

① 遺言者が遺言をする旨の記載
② 遺言事項
③ 付言事項
④ 遺言の作成日
⑤ 遺言者の住所
⑥ 遺言者の署名・押印

■公正証書遺言の記載内容

　公正証書遺言の場合は、次のような内容が記載されます。遺言公正証書の冒頭には、表題および①公証人が遺言公正証書を作成する旨が記載されます。次に、②遺言の本旨として(i)遺言事項および(ii)付言事項が記載されます。最後に③本旨外要件として(i)(ii)遺言者・証人・公証人について記載し、(iii)(iv)署名・押印をします。

① 公証人が遺言公正証書を作成する旨の記載
② 遺言の本旨
　(i) 遺言事項
　(ii) 付言事項
③ 本旨外要件
　(i) 遺言者の住所、職業、氏名、生年月日
　(ii) 証人の住所、職業、氏名、生年月日
　(iii) 遺言者および証人の署名・押印
　(iv) 公証役場の住所、公証人の所属、署名・押印

■遺言者が遺言をする旨の記載

遺言者が遺言をする旨の記載は、一般的に図表71のように記載します。

【図表71　遺言者が遺言をする旨の記載例】
| 遺言者○○○○は、本遺言書により次のとおり遺言する。 |

■遺言書記載上の注意点

　遺言書は遺言の方式を満たすこと、遺言者に遺言能力があることの他にも、法律の規定に違反しないようにする必要があります。公序良俗（民法第90条）、被後見人の遺言の制限（民法第966条第1項）、共同遺言の禁止（民法第975条）などに違反した内容は無効となります。

　相続人を記載する場合は、続柄または氏名のいずれか一方だけでなく、「長男○○○○」のように続柄と氏名を併せて記載します。また、最初に相続人を記載するときは、「長男○○○○（平成＊＊年＊＊月＊＊日生）」のように生年月日を併せて記載します。親族以外の者や法律の専門家などを記載する場合は、氏名と住所を記載します。

　財産を記載する場合は、対象となる財産を明確にするため、「妻○○○○に預金を相続させる」のように財産の種類のみを記載するのではなく、銀行名、口座の種類、口座番号を記載するなどして、財産を特定できるようにします。このようにすることで、預金口座の解約などの遺言の執行を円滑に行うことができます。

財産を特定することが難しい場合は、相続分を指定する、包括遺贈するなどの内容で遺言を作成することが考えられます。
　財産を「相続させる」という記載は、相続人に財産を承継させる場合に限り使用でき、相続人以外の者には使用できません。財産を「遺贈する」という記載は、相続人だけでなく相続人以外の者に財産を譲渡する場合にも使用できます。相続人に財産を移転する場合は、相続と遺贈のいずれによることも可能ですが、法律上の扱いが異なるため注意が必要です。
　相続人が複数人いて、その中の一部に法定相続分を超える財産を相続させる場合は、遺留分の侵害が問題となる可能性があります。遺留分を侵害する内容を記載する場合は、付言事項でそのような内容にした遺言者の意図を説明するなどの配慮が必要となります。
　日付を記載する場合は、「令和＊＊年＊＊月＊＊日」のように年月日で特定できるように記載します。記載する日付は、西暦と和暦のいずれを用いることもできます。
　「令和＊＊年＊＊月」のように年月日のいずれかが欠けている場合や「令和＊＊年＊＊月吉日」のように日付を特定できない場合は、遺言書が無効となります。また、自筆証書遺言の場合、日付は自筆で記載する必要があるため、日付をスタンプなどで追加しても、遺言書は無効となります。

■財産を遺贈する場合の注意点
　相続税の計算において、遺贈を受けた者（受遺者）は、相続税の基礎控除の計算に含まれません。また、受遺者が被相続人の1親等の血族および配偶者以外の者である場合は、相続税額が2割の加算※となります。この加算は、第三者の他、孫、祖父母、兄弟姉妹、甥姪などに適用されます。
　不動産を遺贈した場合は、所有権移転登記手続において、登録免許税の税率が相続より高くなり、申請には相続人全員の戸籍謄本や印鑑登録証明書が必要となります。
　また、受遺者は、登記が完了するまで、不動産の所有権を主張できません。不動産を特定遺贈した場合は、不動産取得税が課されます。
　借地権や借家権を遺贈した場合は、賃貸人の承諾が必要となります。この

第1章　遺言書の作成

場合、承諾料の支払いが必要となることもあります。
　農地を相続人以外の第三者に特定遺贈した場合は、所有権の移転に必要となる農業委員会または都道府県知事の許可（農地法第3条第1項）を受けられない可能性があります。

※国税庁「相続税額の2割加算」
　（https://www.nta.go.jp/taxes/shiraberu/taxanswer/sozoku/4157.htm）

(1) 遺言事項の記載

　遺言書に記載することで法的効果が発生する事項を遺言事項といいます。法律上、「遺言で…できる」などと規定されている場合、その効果が認められるためには、遺言事項に記載する必要があります。

■法定相続分とは異なる相続分を指定する記載

　法定相続分とは異なる相続分を指定する場合は、図表72のように相続人の氏名をあげて、相続分を記載します。

【図表72　法定相続分とは異なる相続分を指定する記載例】

第1条　遺言者は、以下のとおり各相続人の相続分を指定する。
妻○○●●　　4分の3
長男○○▲▲　　8分の1
次男○○△△　　8分の1

■相続人に特定の財産を相続させる記載

　特定の相続人に特定の財産を相続させる場合は、相続人の氏名をあげて、財産を相続させる旨を記載し、続いて財産の内容を列挙します。

【図表73　相続人に特定の財産を相続させる記載例】

第1条　遺言者は、以下の財産を、妻○○●●に相続させる。
(1)　土地
所在　　＊＊市＊＊区＊＊町＊＊丁目
地番　　＊＊番地＊＊
地目　　宅地

```
    地積　＊＊平方メートル
(2)　建物
    所在　＊＊市＊＊区＊＊町＊＊丁目＊＊番地＊＊
    家屋番号　＊＊番＊＊号
    種類　居宅
    構造　木造スレート葺２階建
    床面積　１階　＊＊平方メートル
            ２階　＊＊平方メートル
```

財産は図表74のように記載することもできます。

【図表74　相続人に特定の財産を相続させる記載例】

```
第１条　遺言者は、以下の土地を、妻○○●●に相続させる。
  所在　＊＊市＊＊区＊＊町＊＊丁目
  地番　＊＊番地＊＊
  地目　宅地
  地積　＊＊平方メートル
```

特定の相続人に特定の財産を相続させ、残りの財産を他の相続人に相続させる場合は、図表75のように記載します。

【図表75　相続人の特定の財産を相続させる記載例】

```
第１条　遺言者は、以下の財産を、妻○○●●に相続させる。
  財産（略）

第２条　遺言者は、その余の財産を長男○○▲▲に相続させる。
```

■相続人にすべての財産を相続させる記載

特定の相続人にすべての財産を相続させる場合は、図表76のように相続人の氏名をあげて、すべての財産を相続させる旨を記載します。

【図表76　相続人にすべての財産を相続させる記載例】

```
第１条　遺言者は、遺言者の有するすべての財産を、妻○○●●に相続さ
```

せる。

　すべての財産の内容を明確にする場合は、財産を列挙します（図表77）。財産を列挙する場合は、特定の財産を相続させる旨の記載ではないことを明確にするため、最後に「他に遺言者の有するすべての財産」を挙げます。

【図表77　すべての財産の内容を明確にする記載例】

第1条　遺言者は、以下の財産のすべてを、妻○○●●に相続させる。 　(1)　預貯金 　　　＊＊銀行＊＊支店　普通預金　口座番号＊＊＊＊＊＊　名義人○○ 　　　＊＊銀行＊＊支店　定期預金　口座番号＊＊＊＊＊＊　名義人○○ 　(2)　(1)の他に遺言者の有するすべての財産

■財産を特定遺贈する記載

　遺言者は、相続人の他、内縁の妻、甥や姪など相続人以外の者にも特定の財産を譲渡することができます（特定遺贈）。
　特定遺贈する場合は、図表78のように財産を譲渡する者の氏名をあげて、財産を遺贈する旨を記載します。財産を寄付する場合も同様に記載します。

【図表78　財産を特定遺贈する記載例】

第1条　遺言者は、以下の財産を、妻○○●●に遺贈する。 　　土地 　　　所在　＊＊市＊＊区＊＊町＊＊丁目 　　　地番　＊＊番地＊＊ 　　　地目　宅地 　　　地積　＊＊平方メートル

■財産を包括遺贈する記載

　遺言者は、一定の割合を指定して、財産を特定しないで譲渡することができます（包括遺贈）。相続人以外の者に包括遺贈すると、その者には相続人と同一の権利義務が生じます（民法第990条）。
　包括遺贈する場合は、遺贈する者の氏名をあげて、遺贈の割合を記載します。

【図表79　財産を包括遺贈する記載例】

> 第1条　遺言者は、遺言者の有するすべての財産を、以下の者に遺贈する。
> 　元妻○○●●　4分の3
> 　元妻の子○○▲▲　4分の1

■負担付相続および負担付遺贈の記載

　相続人または相続人以外の者に一定の義務を負担させる代わりに財産を相続させる（負担付相続）、または譲渡する（負担付遺贈）場合は、財産を相続させる、または遺贈する旨を記載します。この記載と併せて、その者に負担させる義務の内容を記載します。

【図表80　負担付相続および負担付遺贈の記載例】

> 第1条　遺言者は、以下の財産を、長女○○▲▲に相続させる。
> 　財産（略）
>
> 第2条　長女○○▲▲は、前条の負担として、妻○○●●の生存中、その生活費として毎月10万円を月末に支払うものとする。

■遺言書に記載のない財産を相続させる記載

　遺言書に記載のない財産の扱いを明確にするため、個別の財産について記載した最後に、それらの財産について記載します。
　このとき、特定の種類の財産が含まれることを明確にするため列挙する場合があります。

【図表81　遺言書に記載のない財産を相続させる記載例】

> 第5条　遺言者は、以上に記載した財産の他に遺言者の有するすべての財産を、長男○○●●に相続させる。

　特定の種類の財産を列挙する場合は、図表82のように記載します。

【図表82　特定の種類の財産を列挙する記載例】

> 第5条　遺言者は、以上に記載した財産の他に遺言者の有する現金、預貯金、有価証券、不動産、動産その他すべての財産を、長男○○●●に相続させる。

■相続分の指定を第三者に委託する記載

　相続分の指定を第三者に委託する場合は、図表83のように相続分の指定を委託する旨と第三者の住所および氏名を記載します。

【図表83　相続分の指定を第三者に委託する記載例】

第3条　遺言者は、相続分の指定を以下の者に委託する。 　　住所　＊＊県＊＊町＊＊丁目＊＊番＊＊号 　　氏名　○○△△

■遺産分割方法の指定を第三者に委託する記載

　遺産分割方法の指定を第三者に委託する場合は、図表84のように遺産分割方法の指定を委託する旨と第三者の住所および氏名を記載します。

【図表84　遺産分割方法の指定を第三者に委託する記載例】

第3条　遺言者は、遺産分割方法の指定を以下の者に委託する。 　　住所　＊＊県＊＊町＊＊丁目＊＊番＊＊号 　　氏名　○○△△

■特別受益の持ち戻しを免除する記載

　遺言者は、遺言書で特別受益の持ち戻し免除の意思表示を行うことができます。生前贈与の仕方によっては、黙示の意思表示が認められる場合もありますが、確実に免除が認められるようにするには、遺言書に記載します。

　特別受益の持ち戻しを免除する場合は、特別受益となる生前贈与を時期、目的、内容から特定し、それについて持ち戻しを免除する旨を記載します。

【図表85　特別受益の持ち戻しを免除する記載】

第3条　遺言者は、平成＊＊年＊＊月＊＊日に自宅の購入費用として、長男○○●●に贈与した500万円について、特別受益の持ち戻しを免除する。

　特別受益の持ち戻しを免除しない場合は、図表86のように記載します。

【図表86　特別受益の持ち戻しを免除しない記載例】

第3条　遺言者は、平成＊＊年＊＊月＊＊日に自宅の購入費用として、長男

> ○○●●に贈与した500万円について、特別受益の持ち戻しを免除しない。

■生命保険金の受取人を指定する記載

　生命保険金（死亡保険金）は、受取人が指定されている場合は、受取人の固有の財産となり、相続財産には含まれません。そのため、遺言者は遺言書に生命保険金のことを記載する必要はありません。

　ただし、生命保険金の受取人が指定されている場合であっても、権利関係を明確にするため、生命保険契約について遺言書に記載できます。この場合は、図表87のように記載します。このとき、保険会社と保険証券番号により、契約を特定する必要があります。

【図表87　生命保険金の受取人を指定する記載例】

> 第2条　遺言者は、以下の生命保険契約に基づく保険金の受取人を、次男○○△△に指定した。
> 　＊＊生命保険株式会社　保険証券番号＊＊＊＊＊＊＊＊
> 　契約日　平成＊＊年＊＊月＊＊日
> 　契約者　○○○○
> 　被保険者　○○○○
> 　受取人　○○△△

■生命保険金の受取人を変更する記載

　生命保険金の受取人が指定されている場合、遺言者は遺言書で保険金の受取人を変更することができます（保険法第44条第1項）。

　保険金の受取人を他の者に変更する場合は、図表88のように記載します。このとき、保険会社と保険証券番号により、契約を特定する必要があります。

　なお、遺言による受取人の変更の規定は、2010年（平成22年）4月1日の保険法施行以後に締結された生命保険契約に適用されます。

　遺言書で保険金の受取人を変更した場合は、変更前の受取人からの請求によって保険金が支払われないようにするため、遺言執行者を指定し、保険証券は受取人となる者に預けておくほうがよいでしょう。

　また、相続が発生した後、相続人は受取人が変更したことを保険会社に通

知する必要があります。

【図表88　生命保険金の受取人を変更する記載例】

> 第2条　遺言者は、以下の生命保険契約に基づく保険金の受取人を、次男○○△△から三男○○▲▲に変更する。
> 　＊＊生命保険株式会社　保険証券番号＊＊＊＊＊＊＊＊
> 　契約日　　平成＊＊年＊＊月＊＊日
> 　契約者　　○○○○
> 　被保険者　○○○○
> 　受取人　　○○△△

■遺言により信託を設定する記載

　遺言者は、遺言により財産の管理や処分などを目的とする信託を設定することができます（信託法第3条第2号）。遺言者が遺言による信託をする場合は、信託の内容を図表89のように記載します。

　遺言により信託を設定する場合は、信託銀行など受託者となる者とも内容を調整しておく必要があります。

【図表89　遺言により信託を設定する記載例】

> 第2条　遺言者は、遺言者の有する以下の不動産（以下「信託不動産」という。）について、以下のとおり信託を設定する。
> 1　信託の目的　信託不動産を管理運用し、賃料収入をもって受益者の安定した生活と福祉を確保すること。
> 2　信託財産
> 　不動産
> 　　土地の表示（略）
> 　　建物の表示（略）
> 3　委託者　○○○○
> 4　受託者　○○△△
> 5　受益者　○○●●
> 6　帰属権利者　○○▲▲
> 7　信託の終了事由　受益者○○●●の死亡したとき。ただし、委託者○

○○○の死亡したときに受益者○○●●が死亡していたときは、委託者○○○○の死亡したとき。
8　信託財産の管理に必要な事項
 (1)　信託不動産について、信託による所有権移転の登記および信託の登記手続を行う。
 (2)　保存に必要な修繕は、受託者が適当と認める時期、方法、範囲において行う。
 (3)　受託者は、信託不動産を他に賃貸し、既に賃貸しているものについては賃貸人の地位を承継する。
 (4)　受託者は、信託不動産中、建物について火災保険を付する。
 (5)　受託者は、信託不動産から生ずる賃料その他の収益から公租公課、保険料、修繕費その他管理に必要な費用および信託報酬を控除し、毎年6月および12月の各末日限りにおいて清算し、剰余金を受益者に支払う。
 (6)　受託者は、信託が終了したとき、信託不動産を帰属権利者に引き渡し、所有権移転の登記手続を行う。
 (7)　信託報酬は、毎年6月および12月の各末日時点における収益の5％および消費税とする。

■信託契約の帰属権利者を指定する記載

　遺言者が生前に締結した信託契約があり、帰属権利者が指定されている場合、遺言者の死亡などを原因として信託が終了すると、遺言者が信託した財産（信託財産）は、帰属権利者に帰属します。そのため、遺言者は遺言書に信託財産のことを記載する必要はありません。
　ただし、帰属権利者が指定されている場合であっても、権利関係を明確にするため、信託契約について遺言書に記載できます。この場合は、図表90のように記載します。このとき、契約日、当事者、信託財産などで契約を特定する必要があります。

【図表90　信託契約の帰属権利者を指定する記載例】

第2条　遺言者は、以下の信託契約に基づく帰属権利者を、次男○○△△

に指定した。
　　契約日　平成＊＊年＊＊月＊＊日
　　信託の目的　受益者の安定した生活と福祉を確保すること。
　　信託財産
　　預貯金（略）
　　委託者　○○○○
　　受託者　○○△△
　　受益者　○○○○
　　帰属権利者　○○△△

■祖先の祭祀を主宰する者を指定する記載
　祖先の祭祀を主宰する者を指定する場合は、図表91のように記載します。
【図表91　祖先の祭祀を主宰する者を指定する記載例】
第4条　遺言者は、祖先の祭祀を主宰する者として長男○○●●を指定する。

　祖先の祭祀を主宰する者に祭祀に関わる財産を相続させる場合は、図表92のように記載します。
【図表92　祭祀主宰者に祭祀に関する財産を相続させる記載例】
第5条　遺言者は、以下の墓、仏壇、位牌その他祭祀に必要なすべての財産を、長男○○●●に相続させる。
　　＊＊県＊＊町＊＊丁目＊＊番＊＊号　＊＊霊園○○家の墓

第6条　遺言者は、祭祀の実施に必要な費用に充てるものとして、以下の財産を長男○○●●に相続させる。
　　＊＊銀行＊＊支店　普通預金　口座番号＊＊＊＊＊＊

■子を認知する記載
　遺言者が子を認知する場合は、図表93のように認知する旨と子の氏名、生年月日、本籍などを記載します。

【図表93　遺言者が子を認知する記載例】

> 第3条　遺言者は、以下の者を認知する。
> 　氏名　　□□■■
> 　生年月日　平成＊＊年＊＊月＊＊日
> 　本籍　　＊＊県＊＊町＊＊丁目＊＊番＊＊号

　誰との間に生まれた子であるかを明確にする場合は、図表94のように記載します。

【図表94　誰との間に生まれた子であるかを明確にする記載例】

> 第3条　遺言者は、以下の者を遺言者と□□□□との間に生まれた子として認知する。
> 　氏名　　□□■■
> 　生年月日　平成＊＊年＊＊月＊＊日
> 　本籍　　＊＊県＊＊町＊＊丁目＊＊番＊＊号

■推定相続人を廃除する記載

　推定相続人を廃除する場合は、図表95のように被相続人に対する虐待もしくは重大な侮辱、または、その他の著しい非行の事実を具体的に示し、推定相続人から廃除する旨を記載します。

【図表95　推定相続人を廃除する記載例】

> 第3条　長男○○●●は、日頃から、金がなくなると遺言者のところに来ては金を要求し、要求に応じないと遺言者に暴言をはいて侮辱し、殴る蹴るの暴行を加えて傷害を負わせるなどの虐待をしたので、遺言者は、長男○○●●を推定相続人から廃除する。

■推定相続人の廃除を取り消す記載

　推定相続人の廃除を取り消す場合は、図表96のように取り消す理由を示し、廃除を取り消す旨を記載します。

【図表96　推定相続人の廃除を取り消す記載例】

> 第3条　長男○○●●は、推定相続人から廃除されていたが、現在は改心

第 1 章　遺言書の作成

> して真面目に働いているため、遺言者は、長男○○●●の廃除を取り消す。

■成年後見人の選任を求める記載

　後見が必要な者に成年後見人が選任されていない場合、その親族は家庭裁判所に成年後見人の選任を請求できます（民法第 843 条第 2 項）。
　遺言者が相続人に成年後見人の選任の手続を行ってもらいたい場合は、法的拘束力はありませんが、図表 97 のように記載できます。

【図表 97　成年後見人の選任を求める記載例】

> 第 3 条　遺言者の死後、長女○○●●は、妻○○▲▲の成年後見人の選任の手続を行うものとする。

■未成年後見人を指定する記載

　未成年後見人を指定する場合は、図表 98 のように未成年後見人を指定する旨と未成年後見人の住所および氏名を記載します。

【図表 98　未成年後見人を指定する記載例】

> 第 3 条　遺言者は、未成年者である三男○○△△の未成年後見人として以下の者を指定する。
> 　住所　＊＊県＊＊市＊＊町＊＊丁目＊＊番＊＊号
> 　氏名　○○□□

■後見監督人を指定する記載

　後見監督人を指定する場合は、図表 99 のように後見監督人を指定する旨と後見監督人の住所および氏名を記載します。

【図表 99　後見監督人を指定する記載例】

> 第 3 条　遺言者は、未成年者である三男○○△△の後見監督人として以下の者を指定する。
> 　住所　＊＊県＊＊市＊＊町＊＊丁目＊＊番＊＊号
> 　氏名　行政書士　●●●●

■遺言執行者を指定する記載

遺言執行者を指定する場合は、図表100のように遺言執行者を指定する旨と遺言執行者の住所および氏名を記載します。

【図表100　遺言執行者を指定する記載例】

第3条　遺言者は、本遺言の遺言執行者として以下の者を指定する。 　　住所　＊＊県＊＊市＊＊町＊＊丁目＊＊番＊＊号 　　氏名　行政書士　●●●●

遺言執行者を複数人指定する場合は、図表101のように各遺言執行者の有する権限について記載します。

遺言執行者が複数人いる場合の遺言の執行は、原則として、遺言執行者の過半数の決定で行うため、遺言執行者が単独でも遺言の執行をできるようにするには、権限についての記載が必要です。

【図表101　遺言執行者を複数人指定する記載例】

第3条　遺言者は、本遺言の遺言執行者として以下の両名を指定する。なお、遺言執行者両名は、独立してその権限を行使できるものとする。 　　住所　＊＊県＊＊市＊＊町＊＊丁目＊＊番＊＊号 　　氏名　行政書士　●●●● 　　住所　＊＊県＊＊町＊＊丁目＊＊番＊＊号 　　氏名　〇〇〇〇

遺言執行者が死亡した場合や就任しない場合に備えて、予備の遺言執行者を指定する場合は、図表102のように記載します。

【図表102　遺言執行者の死亡等に備えて予備の遺言執行者を指定する記載例】

第4条　遺言者は、前条の遺言執行者が死亡または就任しない場合は、本遺言の遺言執行者として以下の者を指定する。 　　住所　＊＊県＊＊市＊＊町＊＊丁目＊＊番＊＊号 　　氏名　行政書士　〇〇〇〇

■遺言執行者の指定を第三者に委託する記載

遺言執行者の指定を第三者に委託する場合は、図表103のように遺言執行者の指定を委託する旨と第三者の住所および氏名を記載します。

【図表103　遺言執行者の指定を第三者に委託する記載例】

```
第3条　遺言者は、本遺言の遺言執行者の指定を以下の者に委託する。
　　住所　＊＊県＊＊町＊＊丁目＊＊番＊＊号
　　氏名　○○△△
```

遺言執行者が死亡した場合や就任しない場合に備えて、遺言執行者の指定を委託する場合は、図表104のように記載します。

【図表104　遺言執行者の死亡等に備えて遺言執行者を委託する記載例】

```
第4条　遺言者は、前条の遺言執行者が死亡または就任しない場合は、本遺言の遺言執行者の指定を以下の者に委託する。
　　住所　＊＊県＊＊町＊＊丁目＊＊番＊＊号
　　氏名　○○△△
```

■遺産分割を禁止する記載

遺言者は、相続開始の時から5年を超えない期間を定めて、遺産の分割を禁止することができます（民法第908条第1項）。

遺産分割を禁止する場合は、図表105のように禁止する期間と遺産の分割を禁止する旨を記載します。

【図表105　遺言分割を禁止する記載例】

```
第1条　遺言者は、相続開始の時から5年間、遺産全部の分割を禁止する。
```

■条件および期限の記載

停止条件の場合

停止条件は、条件が成就したときから遺言事項の効果が生じます。

停止条件は図表106のように記載します。

【図表106　停止条件の記載例】

```
第1条　遺言者は、孫○○●●が婚姻したときに、以下の財産を遺贈する。
```

解除条件の場合

解除条件は、条件が成就したときから遺言事項の効果が消滅します。

解除条件は図表107のように記載します。

【図表107　解除条件の記載例】

> 第1条　遺言者は、以下の財産を、孫○○●●に遺贈する。ただし、孫○○●●が農業を廃業したときに、上記遺贈は効力を失う。

始期の場合

始期は、期限が到来したときから遺言事項の効果が生じます。

始期は図表108のように記載します。

【図表108　始期の記載例】

> 第1条　遺言者は、遺言者の死亡から5年が経過したときに、以下の財産を、孫○○●●に遺贈する。

終期の場合

終期は、期限が到来したときから遺言事項の効果が消滅します。

終期は図表109のように記載します。

【図表109　終期の記載例】

> 第1条　遺言者は、遺言者の死亡から5年が経過するまで、以下の財産から生じる賃料収入のすべてを、孫○○●●に遺贈する。

■予備的遺言の記載

遺言者が、特定の相続人に財産を相続させる旨の遺言を作成しても、その相続人が遺言者と同時または遺言者よりも先に死亡した場合は、その相続人に相続させる旨を記載した部分は無効となり、遺言者の望んだとおりに相続されない可能性があります。

このような場合に備えるため、遺言（主位的遺言）の中に、条件を付けて別の者に相続させる旨の遺言（予備的遺言）を記載することが考えられます。

なお、公正証書遺言を作成する場合は、予備的遺言をしても、手数料は主位的遺言の分のみかかります。

【図表110　予備的遺言の記載例】

> 第1条　遺言者は、以下の預貯金を、長男〇〇●●に相続させる。
> 　＊＊銀行＊＊支店　普通預金　口座番号＊＊＊＊＊＊　名義人〇〇
>
> 第2条　遺言者は、以下のいずれかのときは、前条の預貯金を、孫〇〇▲▲に遺贈する。
> 　(1)　遺言者の死亡以前に長男〇〇●●が死亡したとき
> 　(2)　遺言者と長男〇〇●●が同時に死亡したとき

■たすき掛けの遺言の記載

　遺言者と配偶者の間に子がおらず、いずれかが亡くなったときは相手にすべての財産を相続させたいと考えている場合は、それぞれが相手にすべての財産を相続させる旨の遺言を作成することが考えられます（たすき掛けの遺言）。

　この場合、すべての財産を相続させる旨の遺言だけでは、相手が先に亡くなったときに、その旨を記載した部分は無効となり、遺言者の望んだとおりに相続されない可能性があります。そこで、たすき掛けの遺言を作成する場合は、予備的遺言として、相手が先に亡くなったときの財産の扱いを図表111のように記載します。

【図表111　たすき掛けの遺言の記載例】

夫の遺言の場合

> 第1条　遺言者は、遺言者の有するすべての財産を、妻〇〇●●に相続させる。
>
> 第2条　遺言者は、妻〇〇●●が遺言者の死亡以前に死亡したときは、遺言者の有するすべての財産を、甥〇〇▲▲に相続させる。

妻の遺言の場合

> 第1条　遺言者は、遺言者の有するすべての財産を、夫〇〇〇〇に相続させる。

> 第2条　遺言者は、夫○○○○が遺言者の死亡以前に死亡したときは、遺言者の有するすべての財産を、甥○○▲▲に相続させる。

(2) 付言事項の記載

　遺言事項以外に遺言書に記載する事項を付言事項といいます。付言事項は、遺言者の想い、相続人への要望、遺言の意図などを相続人に伝えることができます。

　付言事項は、必ず記載しなければいけないものではありませんが、相続人間の紛争を防止し、円満な相続を実現するために役立ちます。

　付言事項を記載する場合は、遺言事項の内容に抵触しないようにする必要があります。また、遺言の内容が不明確にならないようにするため、付言事項は簡潔に記載するようにします。

　付言事項の分量が多くなる場合は、遺言書ではなく、手紙など別の形で残すことを検討します。

　付言事項として記載する内容は、相続人間の紛争を招かないよう注意が必要です。遺言者と相続人との関係や相続人の性格などを考慮して、どのような内容を記載するか、または記載すべきでないかを検討する必要があります。特に特定の相続人に否定的な内容を記載すると、紛争の原因となる可能性が高くなるため注意します。

　遺言書は、遺言者の死亡により効力が発生するため、延命治療など遺言者が亡くなる前の要望を記載しても、遺言者の望んだとおりにならない可能性があります。このような要望は、付言事項ではなく、遺言書とは別の手紙などに記載する必要があります。

■付言事項の記載例

　相続人への要望や遺言の意図に関する付言事項は、図表112のように記載することができます。

【図表112　付言事項の記載例】
葬儀、埋葬の方法を希望する場合
> 通夜や葬儀は家族だけで質素に行ってください。遺骨は、＊＊寺（＊＊

県＊＊町＊＊丁目＊＊）に納骨してください。

ペットの世話を希望する場合
　飼い猫のタマは、いつも面倒を見てくれた次男○○▲▲にまかせます。家族同様に大事に世話をしてください。タマが亡くなったときは、手厚く埋葬、供養してください。

遺産分割方法の意図を説明する場合
　土地と建物を長男○○▲▲に相続させたのは、妻○○●●がこの先も安心して暮らせるように、同居して面倒を見てもらうためです。他の子どもの取り分は少なくなってしまいますが、遺留分を請求しないようにお願いします。

相続人以外への遺贈の意図を説明する場合
　長男の嫁である○○さんには、私の介護をお願いすることになり、大変苦労をかけました。○○さんへの感謝の気持ちとして、財産の一部を遺贈することにしました。次男と三男も○○さんの苦労は知っていると思いますので、私の気持ちを理解してくれるように願います。

(3) 遺言者の住所および署名・押印

　民法上、遺言書に住所を記載する必要はありません。ただし、相続登記が必要となる場合は、遺言書に住所の記載があることで、遺言者と所有者の同一性を確認するために遺言書を利用できます。遺言書に住所を記載する場合は、住民票に記載されている住所を記載します。

　署名は、通常は戸籍に登録されている本名を自署します。遺言者との同一性を確認できる場合は、通称（芸名、通名、戒名、ペンネームなど）を用いて署名することも可能ですが、「●●こと○○（本名）」のように通称と本名を併せて記載したほうがよいでしょう。

　押印は、実印で行う必要はありません。ただし、実印による押印は、遺言書の有効性をめぐる紛争の防止に役立ちます。

　遺言書には、契印を押印する必要はありません。ただし、契印があることで遺言書の改ざんを防ぐことができます（第1編第2章3（4）「相続人の住所および署名・押印」を参照）。

5　遺言の撤回

遺言の撤回とは

　遺言の撤回とは、遺言の効力を将来に向かって消滅させることを指します。遺言者は、自由に遺言を撤回することができます（明示の撤回、民法第1022条）。遺言の撤回には、遺言の全体の効力を消滅させる全部撤回と、遺言の一部の効力を消滅させる一部撤回があります。

　自筆証書遺言および秘密証書遺言は、書き間違いを発見した、後から内容を変更したくなったなどの場合に、加除その他の変更を行うことができ（民法第968条第3項、第970条第2項（第968条第3項準用））、通説では、これらも一部撤回と同じく扱われます。

　公正証書遺言は、加除その他の変更を行う場合、新たな遺言を作成する必要があります。

　遺言を撤回するときは、前の遺言または新たな遺言に、前の遺言の全部または一部を撤回する旨を記載します。新たな遺言により前の遺言を撤回した場合は、新たな遺言が前の遺言に対して優先されます。遺言の先後は、各遺言の日付で判断されます。新たな遺言を作成する際に、遺言の方式は問われず、遺言の方式に優劣はないため、前の遺言と異なる方式で遺言を作成することができます。

　一部撤回は、前の遺言または新たな遺言の紛失、隠匿などのために、遺言者の意図したとおりに遺言が実行されない可能性があります。そこで実務上は、遺言を一部撤回する場合であっても、全部撤回して前の遺言を破棄するという方法がとられます。

■遺言の撤回の擬制

　遺言の撤回には、その旨を記載する方法の他に、遺言を撤回したものとみなされる場合があります（法定撤回、撤回の擬制、民法第1023条、第1024条）。

　①新たな遺言に前の遺言の記載と抵触する内容を記載すると、抵触する部

分について遺言を撤回したものとみなされます。

②自筆証書遺言および秘密証書遺言では、遺言者が前の遺言を故意に破棄すると、遺言を撤回したものとみなされます。

③遺言者が遺言に記載した財産の全部または一部を処分または破棄するなど、遺言の記載と抵触する行為をすると、抵触する部分について遺言を撤回したものとみなされます。

なお、財産を処分した場合、その対価として取得した金銭は、相続財産となります。

公正証書遺言[※1]の場合は、公証役場に保管されている遺言書の原本の破棄を求めることはできません。また、遺言書の正本または謄本を破棄しても遺言を撤回したものとはみなされません。この場合は、遺言を撤回する旨の申述を行う、新たな遺言を作成するなどの必要があります。

自筆証書遺言保管制度[※2]を利用している遺言書の場合も、法務局に保管されている遺言書の原本の破棄を求めることはできません。この場合は、法務局に遺言書の保管の申請の撤回を行い、遺言書の原本の返還を受けたうえで、撤回を行う必要があります。

※1　日本公証人連合会「公証事務　2　遺言」
　　（https://www.koshonin.gr.jp/notary/ow02）
※2　法務省「自筆証書遺言保管制度　02　遺言者の手続」
　　（https://www.moj.go.jp/MINJI/02.html）

(1) 遺言の撤回の記載

遺言を全部撤回する場合

遺言を全部撤回する場合は、図表113のように記載します。

【図表113　遺言を全部撤回する記載例】

自筆証書遺言の場合

> 遺言者は、平成＊＊年＊＊月＊＊日の自筆証書遺言の全部を撤回する。

公正証書遺言の場合

> 遺言者は、平成＊＊年＊＊月＊＊日の遺言公正証書（平成＊＊年第＊＊＊＊号　＊＊法務局所属　＊＊公証役場　公証人　■■■■）の全部を撤

回する。

遺言を一部撤回する場合

遺言を一部撤回する場合は、図表114のように記載します。

【図表114　遺言を一部撤回する記載例】

> 　遺言者は、平成＊＊年＊＊月＊＊日の自筆証書遺言の一部を以下のように変更する。
> 　第1条の「＊＊銀行　＊＊支店　普通預金　口座番号　＊＊＊＊＊＊」を「＊＊銀行　＊＊支店　定期預金　口座番号　＊＊＊＊＊＊」に改める。

　新たな遺言を作成しないで遺言を一部撤回する場合は、図表115のように行います。
① 撤回する箇所に二重線を引き、押印します。
② 加除その他の変更を行う場合は、撤回する箇所の横に加除その他の変更を行った後の内容を記載します。
③ 余白に撤回する箇所を示す項番や行、削除する文字数、加入する文字数を記載し、署名します。

【図表115　新たな遺言を作成しないで遺言を一部撤回する記載例】

> 第1条　長男●●●●に次の預貯金を相続させる。
> 　＊＊銀行　＊＊支店　~~普通預金~~　口座番号　＊＊＊＊＊＊
> 　　　　　　　　　　定期　印
> 　　　　　　　　　　第2行中2文字削除2文字加入
> 　　　　　　　　　　○○○○

　前の遺言の内容が判別できない、署名や押印をしていないなど、撤回の記載に不備がある場合は、撤回は無効となります。

6　遺言書の保管

　自筆証書遺言および秘密証書遺言を作成する場合は、遺言書の保管方法に

ついて説明します。自筆証書遺言および秘密証書遺言の保管方法については特に定めがありません。

一般的には①遺言者の自宅で保管する、②貸金庫で保管する、③信託銀行の保管サービスを利用する、④法律の専門家の保管サービスを利用するなどの方法があります。

①遺言者の自宅で遺言書を保管する方法は、費用がかからないというメリットがあります。しかし、災害による滅失や第三者による盗難・偽造・変造の危険性がある、遺言書が遺品に紛れて発見されない可能性があるというデメリットがあります。

②貸金庫に遺言書を預ける方法は、安全性が高いというメリットがあります。しかし、金庫を借りる費用がかかる、貸金庫の開扉に相続人全員の立会いが必要となる場合がある、貸金庫を開扉するまで遺言書の存在することが知られない可能性があるというデメリットがあります。

③信託銀行や④法律の専門家に遺言書を預ける方法は、安全性が高い、遺言書の存在が確実に知らされるというメリットがあります。しかし、遺言書を預けるための費用がかかるというデメリットがあります。

公正証書遺言の場合、遺言書の原本は公証役場で保管されます。ただし、遺言書の正本および謄本の保管方法については特に定めがありません。遺言書の正本は遺言者、遺言執行者、信託銀行などが保管し、謄本は遺言者の親族、友人などが保管することが一般的です。

(1) 自筆証書遺言保管制度を利用した保管

自筆証書遺言については、2020年から始まった法務局による自筆証書遺言保管制度を利用することができます。

この制度を利用すると、遺言書は法務局の遺言書保管所に保管されます。この制度は、費用はかかりますが、安全性が高く、あらかじめ指定した者に遺言書の存在を知らせることもできます。

■遺言書の保管の申請

遺言者は、法務局に遺言書の保管※を申請できます。遺言書の保管を申請

するときは、次の書類が必要となります。
※法務省「自筆証書遺言保管制度　02　遺言者の手続」
　（https://www.moj.go.jp/MINJI/02.html）
①　保管申請書
②　自筆証書遺言　ホチキス止めはせず、封筒に入れず持参します。
③　請求者の住民票の写し
④　請求者の身分証明書
【外国語で作成された遺言書の場合】
⑤　遺言書の日本語による翻訳文

遺言書の保管の管轄
　遺言の保管の申請は、次の①〜③のいずれかの遺言書保管所で行います。追加の遺言書について遺言の保管の申請をする場合は、最初に申請した遺言書保管所で行う必要があります。
①　遺言者の住所地を管轄する遺言書保管所
②　遺言者の本籍地を管轄する遺言書保管所
③　遺言者が所有する不動産の所在地を管轄する遺言書保管所

保管証の交付
　遺言の保管の申請の手続が終了すると、保管証が交付されます。保管証には、遺言者の氏名と生年月日、遺言書が保管されている遺言書保管所の名称、保管番号が記載されていて、これらの情報は、各種手続の際に必要となります。保管証は再発行されないため、紛失しないようにする必要があります。
　保管証の写しを相続人などに預けることで、紛失に備えることができます。

(2)　遺言書の保管業務

　遺言書の作成を依頼された場合は、遺言書の保管の委託を受けておくことで、将来の遺言執行業務につなげることができます。
　遺言者に遺言書の保管を提案する場合は、遺言の保管期間や費用を明確にします。

第1章　遺言書の作成

　委託を受けたときは、遺言書の存在を通知する相続人、受遺者などの連絡先や連絡方法を聞いておき、これらの者に遺言書の保管状況を定期的に連絡するか確認します。
　遺言書の保管期間は、遺言書の保管状況がわかるように管理し、遺言者が亡くなったときに、迅速に遺言書を用意して遺言の執行を始められるようにしておく必要があります。
　遺言者が亡くなった場合は、事前に確認した者に連絡し、遺言の検認などの手続について案内します。

【図表116　保管証の例】

保管証

遺言者の氏名	遺言　太郎
遺言者の出生の年月日	昭和〇年〇月〇日
遺言書が保管されている遺言書保管所の名称	〇〇法務局
保管番号	H0101-202007-100

上記の遺言者の申請に係る遺言書の保管を開始しました。

令和2年7月20日
〇〇法務局

遺言書保管官
法務　三郎

（法務省「自筆証書遺言保管制度」より）

第2章 遺言書による相続手続業務

　被相続人が遺言書を残していた場合は、遺言書の内容を確認し、それに従って相続手続業務を行います。当初は、遺言書が存在するか不明であったが、貸金庫を開扉したところ遺言書が発見されたといった場合も、遺言書による相続手続を行います。
　なお、遺言書に記載のない相続財産がある場合は、相続人が複数人いるのであれば遺産分割協議が必要となります。

1　遺言書の確認

　相続人から相続手続の依頼を受けたときは、遺言書が残されている場合は、どの種類の遺言書であるかを確認します。
　また、遺言書が残されていない場合でも、生前、被相続人が周囲に遺言の話をしていた場合は、相続人の知らない遺言書が存在しないか確認する必要があります。
　遺言書の内容を確認する場合は、遺言書の種類により異なる手続が必要となります。遺言書の確認は、相続手続業務における相続人調査と並行して行います。

(1)　遺言書の検認

　遺言書の検認[※]とは、家庭裁判所が相続人に対して、遺言書が存在すること、およびその内容を知らせ、遺言書の日付、署名といった形式、遺言書の形状や加除訂正の有無を調べ、遺言書の偽造や変造がないことを確認する手続です。

遺言書が発見され、または保管されていた場合、遺言書を発見した相続人または遺言書の保管者は、遅滞なく、被相続人の最後の住所地を管轄する家庭裁判所に遺言書を提出して、遺言書の検認の申立てをする必要があります（民法第 1004 条第 1 項）。

　遺言書の検認は、遺言書が封をされていない場合でも必要です。遺言書を発見した相続人または遺言書の保管者が、検認を受けないまま遺言書を放置したり、執行したりすると過料の対象となります（民法第 1005 条）。

　遺言書の検認は、自筆証書遺言（法務省による自筆証書遺言保管制度を利用していないもの）、または秘密証書遺言の場合に必要となります。保管制度を利用している自筆証書遺言、保管される遺言書の代わりに交付される遺言書情報証明書、および公正証書遺言の場合は必要ありません。

　なお、貸金庫、信託銀行や専門家の保管サービスなど、第三者による遺言書の改ざんを受けない形で保管していた場合でも遺言書の検認は必要となります。

※裁判所「遺言書の検認」

（https://www.courts.go.jp/saiban/syurui/syurui_kazi/kazi_06_17/index.html）

■検認の申立て

　検認の申立てが必要な場合は、行政書士に業務を行う権限がないため、司法書士に業務を引き継ぐ必要があります。業務を引き継ぐ場合は、司法書士の指示に従いながら必要な書類を収集・提供します。

　また、相続人は、検認のために代理人を立てることができます。相続人が代理人を立てることを希望している場合は、弁護士に業務を引き継ぐ必要があります。

検認の申立てに必要となる書類

　検認の申立てには、次のような書類が必要となります。

① 　家事審判申立書
② 　遺言者（被相続人）の出生から死亡までの戸籍謄本等
③ 　相続人の現在の戸籍謄本等

④ 遺言者の子、孫などで死亡している者がいる場合は、その者の出生から死亡までの戸籍謄本等

【遺言者の父母・祖父母などのみが相続人となる場合、遺言者の配偶者と父母・祖父母などが相続人となる場合】

⑤ 遺言者の父母・祖父母で死亡している者がいる場合は、その者の死亡の記載のある戸籍謄本等（父母・祖父母は、相続人と同じ代および下の代のみ）

【遺言者に相続人がいない場合、遺言者の配偶者のみが相続人となる場合、遺言者の兄弟姉妹が相続人となる場合、遺言者の配偶者と兄弟姉妹が相続人となる場合（兄弟姉妹は、その代襲相続人を含む）】

⑥ 遺言者の父母の出生から死亡までの戸籍謄本等
⑦ 遺言者の父母・祖父母などの死亡の記載のある戸籍謄本等
⑧ 遺言者の兄弟姉妹で死亡している者がいる場合は、その者の出生から死亡までの戸籍謄本等
⑨ 遺言者の兄弟姉妹の代襲相続人となる子（甥・姪）で死亡している者がいる場合は、その者の出生から死亡までの戸籍謄本等

■検認の流れ

　検認の申立てがあると、家庭裁判所は、相続人に連絡を取り、検認を行う日時を調整します。日時の調整がつくと、家庭裁判所は、相続人に対して検認期日を通知します。検認の申立てから検認期日の通知まで、検認期日の通知から検認期日までは、いずれも2～3週間ほどかかります。

　相続人は、検認期日に出席する必要はなく、欠席している相続人がいても検認の手続は行われます。相続人が代理人を立てている場合は、代理人が相続人の代わりに出席します。

　検認期日には、遺言書を発見した相続人または遺言書の保管者は、遺言書を家庭裁判所に提出します。

　裁判官は、相続人などの立会いのもとで、提出された遺言書の形状を調べ、封がされている場合は開封して、遺言書の日付や署名、加除訂正の有無を確認します。

検認では、氏名や住所、遺言者との関係、遺言書を発見した、または保管していた経緯、署名の筆跡や押印などについて、裁判官から出席者に対して質問がされるため、これに答える必要があります。

　検認は、遺言書の形式を確認する手続であり、裁判官は、遺言書の内容の有効性については判断しません。そのため、検認を受けた場合でも遺言書の内容が無効となる可能性があります。遺言の効力を争う場合は、遺言無効確認調停および遺言無効確認訴訟による必要があります。

　検認が終わった後は、検認済証明書の発行手続を行います（図表117）。検認済証明書は、遺言書と共に契印をしたうえで渡されます。検認から検認済証明書の発行まで、通常は1時間ほどかかります。

【図表117　検認済証明書の例】

```
          検 認 済 証 明 書

（事件の表示）
令和＊＊年（家）第＊＊＊号

　この遺言書は，令和＊＊年＊＊月＊＊日当裁判所
において，検認済みであることを証明する。


令和＊＊年＊＊月＊＊日
　札幌家庭裁判所
　　　裁判所書記官　□□□□
```

(2) 自筆証書遺言保管制度の手続

　遺言書が、法務省による自筆証書遺言保管制度※を利用している場合は、遺言書の検認は必要ありません。

相続人・受遺者等・遺言執行者等（関係相続人等）は、法務局に遺言書情報証明書（図表118、119）の交付を請求することで、保管されている遺言書の内容を確認することができます。

遺言書情報証明書には、遺言書のほか、遺言書を保管する際に併せて提出した、相続財産目録、預貯金通帳や不動産の登記事項証明書などの権利関係の確認書類の画像データが含まれています。

遺言書情報証明書は、遺言書の原本と同じ効力があり、原本の代わりとして相続手続に使用することができます。

※ 法務省「自筆証書遺言保管制度」
　（https://www.moj.go.jp/MINJI/minji03_00051.html）

【図表118　遺言書情報証明書の例】

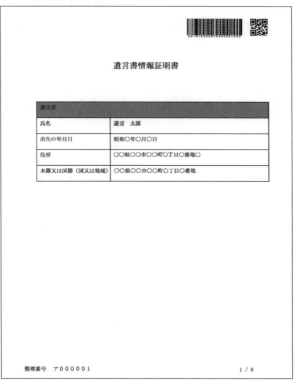

（法務省「自筆証書遺言保管制度」より）

【図表 119　遺言書情報証明書の例】

遺言書	
作成の年月日	令和2年7月10日
保管を開始した年月日	令和2年7月20日
遺言書が保管されている遺言書保管所の名称	○○法務局
保管番号	H0101-202007-100
受遺者等　（遺言書に記載された法務局における遺言書の保管等に関する法律第9条第1項第2号に掲げる者）	
氏名又は名称	甲山　花子
住所	○○県○○市○○町○丁目○番地○
遺言執行者等　（遺言書に記載された法務局における遺言書の保管等に関する法律第9条第1項第3号に掲げる者）	
氏名又は名称	東京　和男
住所	○○県○○市○○町○丁目○番地○

整理番号　ア０００００１　　　　2 / 6

（法務省「自筆証書遺言保管制度」より）

■遺言書が保管されている事実の通知

遺言者が、制度を利用していることを明らかにしていない場合、関係相続人等は、遺言書が保管されていることを知らない可能性があります。そこで、関係相続人等に遺言書の存在を知らせる、通知の仕組み※が用意されています。

※　法務省「自筆証書遺言保管制度　１０通知」

（https://www.moj.go.jp/MINJI/10.html）

指定者通知

　遺言者は、制度を利用して遺言書の保管を請求する際に、遺言者が死亡したときに遺言書が保管されている旨を通知する者を3名まで指定しておくことができます。この指定がされている場合、法務局の遺言書保管官は、遺言者の死亡の事実を確認した際に（遺言書保管事実証明書、遺言書情報証明書を交付した際も当たる）、遺言者が指定した者に対して、「遺言者が指定した方への通知（指定者通知）」を送付します。

　遺言者が関係相続人等を指定していた場合は、この通知により遺言書が保管されていることを知ることができます。

　遺言者が通知する者を指定していない場合や、関係相続人等以外の者を指定しており、その者から連絡がない場合は、関係相続人等には通知があったことが伝わりません。このような場合、関係相続人等は、法務局に遺言書保管事実証明書の交付を請求することで、遺言書が保管されているか確認することができます。

関係遺言書保管通知

　遺言者の死亡後、関係相続人等は、保管されている遺言書の閲覧や遺言書情報証明書の交付を法務局に請求することができます。関係相続人等が、これらの請求をすると、遺言書保管官は、請求者以外のすべての関係相続人等に対して、「関係遺言書保管通知」を送付して、遺言書が保管されていることを知らせます。

　いずれの通知も、保管されている遺言書の内容については知らされません。そのため、通知を受けた関係相続人等は、遺言書の閲覧や遺言書情報証明書の交付を法務局に請求する必要があります。

■遺言書保管事実証明書の交付請求

　自身が関係相続人等に当たる遺言書が保管されていないか確認するため、遺言者の死亡後、誰でも法務局に遺言書保管事実証明書の交付を請求できます。証明書の交付を請求するときは、次の書類が必要となります。
① 　交付請求書

② 遺言者が死亡したことを確認できる書類（戸籍謄本等）
③ 請求者の住民票の写し
④ 請求者が相続人の場合は、遺言者の相続人であることを確認できる戸籍謄本等
⑤ 請求者が法人の場合は、法人の代表者事項証明書　3か月以内に発行された証明書が必要です。
⑥ 請求者の法定代理人（親権者、未成年後見人）が請求する場合は、法定代理人の戸籍謄本　3か月以内に発行された戸籍謄本が必要です。
⑦ 請求者の法定代理人（成年後見人等）が請求する場合は、法定代理人の登記事項証明書　3か月以内に発行された証明書が必要です。
⑧ 請求者の身分証明書

証明書の記載内容

　遺言書が保管されている場合は、遺言書の作成年月日、遺言書保管所の名称、保管番号などが記載された証明書が交付されます。

　請求者が関係相続人等のうち相続人に当たる遺言書が保管されている場合は、遺言書が保管されている旨が記載されます。

　また、請求者が関係相続人等のうち受遺者等または遺言執行者等に当たる遺言書が保管されている場合は、請求者を受遺者等又は遺言執行者等とする遺言書が保管されている旨が記載されます。

　遺言書が保管されていない場合、または、遺言書が保管されていても、請求者が関係相続人等に当たらない場合は、遺言書が保管されていない旨が記載された証明書が交付されます。後者の場合は、他の者を関係相続人等とする遺言書が保管されている可能性があります。

　遺言者が、追加の遺言書の保管申請を行い、2通以上の遺言書が保管されている場合は注意が必要です。例として、最初の申請では相続人に財産を相続させる内容の遺言書を提出していて、追加の申請では受遺者に財産を遺贈する内容の遺言書を提出している場合が考えられます。

　この場合、相続人からの請求に対して交付される証明書には、最初の遺言書および追加の遺言書が保管されている旨が記載されますが、受遺者からの

請求に対して交付される証明書には、受遺者に関係のある、追加の遺言書が保管されている旨のみが記載され、最初の遺言書に関する情報は知らされません。

そのため、受遺者に対して交付された証明書で、遺贈に関する遺言書の存在が判明したとしても、他の遺言書について確認する必要があります。

遺言執行者からの請求についても同様に、遺言執行者の指定をしていない遺言書が存在する可能性があります。

【図表120　遺言書保管事実証明書の例1】

（法務省「自筆証書遺言保管制度」より）

【図表 121　遺言書保管事実証明書の例２】

遺言書保管事実証明書

請求人の資格		2　1：相続人／2：相続人以外
請求人の氏名又は名称	姓	乙山
	名	月子
請求人の住所	〒	○○○－○○○○
	都道府県 市区町村 大字丁目	○○県○○市○○町○丁目
	番地	○番地○
	建物名	
遺言者の氏名	セイ	イゴン
	姓	遺言
	メイ	タロウ
	名	太郎
遺言者の出生の年月日		3　1：令和／2：平成／3：昭和／4：大正／5：明治　○○年○○月○○日

上記の遺言者の申請に係る請求人を受遺者等（遺言書に記載された法務局における遺言書の保管等に関する法律第９条第１項第２号に掲げる者）又は遺言執行者等（遺言書に記載された同項第３号に掲げる者）とする遺言書が遺言書保管所に保管されていないことを証明する。

令和3年7月10日
○○法務局

遺言書保管官
法務　三郎　［みほん 電子公印］

整理番号　ア０００００１

（法務省「自筆証書遺言保管制度」より）

■遺言書情報証明書の交付請求

遺言書の内容を確認するため、遺言者の死亡後、関係相続人等は法務局に遺言書情報証明書の交付を請求できます。証明書の交付を請求するときは、次の書類が必要となります。

①　交付請求書

②　関係遺言書保管通知の送付を受けていない場合は、次の書類

(i)　法定相続情報一覧図の写し

(ii)　法定相続情報一覧図の写しに住所の記載がない場合は、相続人全員の

住民票の写し
　(ⅲ)　法定相続情報一覧図の写しがない場合は、次の書類
　　ア　遺言者の出生から死亡までの戸籍謄本等
　　イ　相続人の戸籍謄本等
③　請求者が数次相続人の場合は、遺言者の相続人であることを確認できる戸籍謄本等
④　請求者が相続人以外（受遺者等、遺言執行者等）の場合は、請求者の住民票の写し
⑤　請求者が法人の場合は、法人の代表者事項証明書　3か月以内に発行された証明書が必要です。
⑥　請求者の法定代理人（親権者）が請求する場合は、法定代理人の戸籍謄本　3か月以内に発行された戸籍謄本が必要です。
⑦　請求者の法定代理人（成年後見人等）が請求する場合は、法定代理人の登記事項証明書　3か月以内に発行された証明書が必要です。
⑧　請求者の身分証明書

■遺言書の閲覧の請求

　遺言書の内容を確認するため、遺言者の死亡後、関係相続人等は法務局に遺言書の閲覧を請求できます。閲覧を請求するときは、遺言書情報証明書の交付請求と同様の書類が必要となります。
　遺言書の閲覧方法には、遺言書の原本を閲覧する原本閲覧とモニターで遺言書の画像を閲覧するモニター閲覧があります。原本閲覧の場合は、遺言書の原本が保管されている遺言書保管所で、モニター閲覧の場合は、全国すべての遺言書保管所で遺言書を閲覧できます。

(3)　公正証書遺言の手続

　遺言書が、公正証書※で作成されている場合は、遺言書の検認は必要ありません。遺言者が、遺言書を公正証書で作成すると、正本および謄本各1部が遺言者に交付されます。
　正本は、遺言書の原本と同じ効力があり、原本の代わりとして相続手続に

使用することができます。謄本は、遺言書の原本と同じ効力はもちませんが、相続手続に使用できる場合もあります。

　一般的には、正本は遺言者本人、遺言執行者、信託銀行などが保管し、謄本は遺言者の親族、友人などが保管します。遺言者が保管している正本が見つからない場合は、謄本を保管している可能性のある者に連絡を取ります。

※日本公証人連合会「公証事務　2遺言」
　（https://www.koshonin.gr.jp/notary/ow02）

■公正証書遺言の検索

　遺言者が、遺言書を公正証書で作成していた場合、遺言者が死亡しても相続人に対する通知などはありません。そのため、遺言者が、公正証書を作成していることを明らかにしていない場合、相続人は、公正証書遺言が存在することを知らない可能性があります。また、遺言者本人や遺言書を保管している者が、遺言書の正本や謄本を紛失していることもあります。

　公正証書遺言が存在しないか確認するため、遺言者の死亡後、相続人等の利害関係人は、公証役場で公正証書遺言の検索の申出ができます。

　なお、公正証書遺言の検索は、遺言者の生前にもできますが、申出ができる者は遺言者本人に限られています。

　検索の申出には、次の書類が必要となります。
① 　遺言者が死亡したことを確認できる書類（戸籍謄本等）
② 　申出人が、遺言者の相続人であることを確認できる戸籍謄本等
③ 　申出人の身分証明書

■遺言書の謄本の交付請求

　検索により、公正証書遺言が保管されていることが明らかになったときは、相続人等の利害関係人は、遺言書を保管している公証役場で遺言書の謄本の交付を請求できます。謄本の交付を請求するときは、検索の申出と同様の書類が必要となります。

　なお、平成31年4月1日から、公証役場が遠隔地である場合は、最寄りの公証役場で請求することで、正本または謄本を郵送で取得できます。

2 遺言執行業務

遺言書の内容を確認できたときは、その内容に従って、相続手続業務および遺産整理業務を行います。

(1) 遺言執行者の選任

遺言執行者とは、遺言の内容を実現するために手続を行う者を指します。

遺言執行者は1人または複数人が就任でき、未成年者および破産者を除いて、法人も含めて誰でも遺言執行者に就くことができます。

遺言執行者は、相続人の代理人ではなく、相続人から独立した立場で遺言を執行します。

遺言者は、遺言で遺言執行者を指定するか遺言執行者の指定を第三者に委託することができます。遺言者または委託された第三者が遺言執行者を指定した場合は、指定された者が遺言執行者として遺言を執行します。

遺言執行者がいない場合、または死亡や辞任により遺言執行者がいなくなった場合は、遺言書がない相続手続と同様に相続人が手続を行います。これらの場合、相続人等の利害関係人は、家庭裁判所に遺言執行者の選任※を申し立てることができます。

相続人が相続手続を行う場合は、専門家などの第三者に手続を委任することができます。相続人が遺言執行者に指定されている場合でも遺言の執行を委任（復任）することができます（民法第1016条第1項）。

従来、遺言執行者が第三者に遺言の執行を委任することは、原則として認められませんでしたが、民法の改正により、2019年（令和元年）7月1日以降に作成された遺言書では、原則として復任が認められることになりました。

遺言執行者である相続人から遺言の執行を依頼された場合は、復任の委任状を取得したうえで遺言執行業務を行います。

※裁判所「遺言執行者の選任」

　(https://www.courts.go.jp/saiban/syurui/syurui_kazi/kazi_06_18/index.html)

■遺言執行者を選任すべき場合

　遺言者が遺言書で子を認知する、相続人の廃除または廃除を取消すなどの場合は、遺言執行者を選任する必要があります。

　また、遠方に居住している相続人がいる、認知症などで判断能力の不十分な相続人がいる、手続に協力的ではない相続人がいる、働いていて手続を行う時間がないといった場合は、遺言執行者を選任することで遺言の執行を円滑に行うことができます。

■遺言執行者の辞退

　遺言執行者に指定された者は、遺言執行者への就任を辞退することができます。

　遺言執行者が複数人指定されていて、その中に相続人など手続に詳しくない者がいる場合、遺言の執行について合意するために時間がかかる可能性があります。また、信託銀行などが遺言執行者に指定されている場合、遺産分割協議で遺言の内容と異なる分割方法で合意すると、就任を辞退することが一般的です。

　そこで、このような場合は、遺言の執行を円滑に行うため、就任の辞退を求める通知を送ることが考えられます。

■遺言執行者の解任

　相続人などの利害関係人は、遺言執行者が任務を怠ったとき、その他正当な事由があるときは、家庭裁判所に遺言執行者の解任を申し立てることができます（民法第1019条第1項）。

　任務を怠ったときに当たる場合としては、遺言の執行に着手しない場合のほか、相続財産目録を相続人に公開しない場合、一部の相続人を不公平に扱った場合、相続財産を不正に使用した場合などがあります。

　また、正当な事由がある場合としては、病気などにより遺言の執行を行うことが難しい場合などがあります。

　遺言執行者の解任の審判には、約1か月かかり、その後、新たな遺言執行者の選任を申し立てることができます。

■遺言執行者の辞任

遺言執行者は、正当な事由があるときは、家庭裁判所の許可を得て辞任することができます。

正当な事由がある場合としては、病気などにより遺言の執行を行うことが難しい場合などがあります。

(2) 遺言執行者の権限

遺言執行者は、遺言の内容を実現するため、相続財産の管理、その他遺言の執行に必要な一切の行為をする権利および義務があります（民法第1012条第1項）。

遺言執行者に権限のある行為としては、遺言の検認、遺言による認知、推定相続人の廃除およびその取り消し、相続人および相続財産の調査、相続財産目録の作成、相続財産の管理、銀行口座などの解約、預貯金の払戻し、相続人への相続財産の引渡し、株式や自動車の名義変更、不動産の登記申請、遺贈、寄付などがあります。

遺言執行者に権限のない行為としては、相続税の申告および納付などがあります。

従来、特定の不動産を特定の相続人に相続させる旨の遺言（特定財産承継遺言）がある場合は、遺言執行者が単独で登記を申請することはできませんでした。しかし、2018年（平成30年）の民法の改正により、単独での申請が可能となりました（民法第1014条第2項）。

また、遺言執行者には、預貯金の解約および払戻しの権限はありませんでしたが、金融実務では慣習上、解約および払戻しが認められてきました。これらについても、同改正により権限があることが明文化されました（同条第3項）。

遺言執行者は、遺言の執行に必要な範囲で遺産分割協議に関与することができます。相続人が遺産分割協議で遺言の内容と異なる分割方法で合意する場合は、遺言執行者の同意が必要です。この場合、遺言執行者は、基本的には遺言の内容を尊重する必要があります。

相続人が遺留分の侵害を主張した場合は、遺言の執行を中止すべきかが問

題となります。2019年（令和元年）の民法の改正以後の遺留分侵害額請求では、請求権は金銭債権であり、遺贈の効力には影響がないため、原則として、遺言執行者は、遺言を内容どおりに執行すればよく、執行を中止する必要はありません。

改正以前の遺留分減殺請求では、遺贈の効力に影響があることから、遺言執行者は、遺言の執行を中止して、相続人間の協議、調停、訴訟などの結果を待つ必要がありました。

(3) 遺言執行者の義務

遺言執行者は、任務を開始したときは、遅滞なく、遺言の内容を相続人に通知する義務があります（民法第1007条第2項）。従来は、法律の専門家ではない相続人などが遺言執行者に就任した場合、通知をしないことが一般的でしたが、相続人の知らない間に遺言の執行が開始されないようにするため、民法の改正により、通知が義務とされました。通知は、図表122のような書面を送付して行います。

遺言執行者は、相続人および相続財産の調査を完了したときは、遅滞なく、相続財産目録を作成して、相続人に交付する義務があります（民法第1011条第1項）。

遺言執行者には、通常、遺言執行者に要求される程度の注意をもって、相続財産を管理する義務があります（民法第１０１２条第3項（第６４４条準用））。

相続財産に関わる金銭その他の物を受け取った場合、または果実を収取した場合は、相続人に引き渡す義務があり、遺言執行者の名で権利を取得した場合は、相続人に移転する義務があります（同項（第６４６条第１項、第２項準用））。

遺言執行者は、遺言執行業務に当たる間、相続人から問い合わせがあったときは、業務の処理状況を報告する義務があります。また、業務を終了した後は、遅滞なく、業務の経過および結果を相続人に報告する義務があります（同項（第６４５条準用））。

遺言執行者は、相続人に引き渡す、または相続人の利益のために使う金銭

を自己のために消費したときは、消費した日以降の利息を支払う義務があり、相続人に損害を与えた場合は、それを賠償する責任を負います（同項（第647条準用））。

【図表122　遺言執行者就任通知書の例】

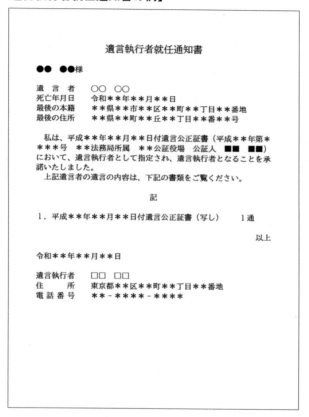

(4) 遺言の執行

遺言執行者に就任して遺言の執行を始めるときは、まず、①遺言執行の通知を行います。このとき、相続人が財産を処分したり預貯金の払戻しを受けたりすることを防ぐため、銀行などにも通知を行います。

遺言執行の通知と併せて、②相続財産を管理するための執行者名義の口座を開設します。口座の名義は、「故〇〇〇〇遺言執行者●●●●」などを使用します。金融機関によっては、相続人の氏名に「故」や「亡」を付けた名義での口座の開設を認めていない場合があります。その場合は、「故」や「亡」を付けない名義を使用します。

相続財産調査が終わったときは、相続財産目録を作成し、相続人に対して、相続財産の内容と今後の遺言の執行について説明します。

相続財産目録は、遺言書のない相続手続の場合と異なり、遺言書に記載されている財産のみを記載します。ただし、相続人が遺言書に記載されていない財産があることに気が付いたときは、遺言執行者に知らせるように記載しておきます。相続財産の額は記載する必要はありません。また、債務は原則として記載する必要はありませんが、包括遺贈となる場合は記載する必要があります。

遺言の執行は、原則として、遺言の内容に従って行います。遺言執行者が複数人いる場合、遺言者が別段の意思表示をしていない限り、遺言の執行は、遺言執行者の過半数の決定で行います（民法第1017条第1項）。

ただし、相続財産を保存する行為については、各遺言執行者が単独で行うことができます（同条第2項）。

なお、遺言者が各遺言執行者の職務を定めていた場合は、それに従って遺言を執行します。遺言執行者ではない者から遺言の執行を中止するように求められたとしても、遺言の執行を継続する必要があります。

遺言の内容や遺留分をめぐり相続人の間に紛争が予想されるときは、相続人の代理人となることのできる弁護士と連携して遺言を執行します。また、共有や抵当権の設定など不動産の権利関係が複雑になるときは、司法書士と連携して遺言を執行します。

相続財産から報酬を受けるときは、口座に集約した相続財産から報酬などを清算したうえで、各相続人に相続財産を分配します。

なお、口座は清算業務が終わった後に閉鎖します。

最後に遺言執行の終了報告書を作成して、相続人や受遺者に交付・説明します。

遺言執行の終了報告書の記載内容

　報告書には、次のような内容を記載します。
① 遺言執行を終了した旨の報告
② 遺言執行の内容
③ 遺言執行期間の収支内訳

報告書に添付する書類

　報告書には、次のような書類を添付します。
① 遺言書の写し
② 相続財産目録
③ 戸籍謄本等および相続関係説明図
④ 相続財産に関する資料
⑤ 遺言執行報酬の計算書

【図表123　遺言執行の終了報告書の例】

遺言執行の終了報告書

●●　●●様

遺　言　者　　○○　○○
死亡年月日　　令和＊＊年＊＊月＊＊日

　私は、平成＊＊年＊＊月＊＊日付遺言公正証書（平成＊＊年第＊＊＊＊号　＊＊法務局所属　＊＊公証役場　公証人　■■　■■）において、遺言執行者として指定され、職務を行ってきましたが、令和＊＊年＊＊月＊＊日をもって遺言執行が終了いたしましたので、本書面をもってご報告いたします。
　上記遺言執行に関する職務内容及び職務期間中の収支内訳は、下記の書類をご覧ください。

記

1．遺言執行に関する職務内容　　　1通
2．職務期間中の収支内訳　　　　　1通

以上

令和＊＊年＊＊月＊＊日

遺言執行者　□□　□□
住　　所　　東京都＊＊区＊＊町＊＊丁目＊＊番地
電話番号　　＊＊－＊＊＊＊－＊＊＊＊

第2章　遺言書による相続手続業務

【図表124　遺言執行に関する職務内容の例】

```
別紙1
              遺言執行に関する職務内容

 1．令和＊＊年＊＊月＊＊日　預貯金解約
    ＊＊銀行＊＊支店　普通預金
    口座番号＊＊＊-＊＊＊＊＊＊＊

 2．令和＊＊年＊＊月＊＊日　預貯金解約
    ＊＊＊＊銀行＊＊＊　普通貯金
    口座番号＊＊＊＊-＊＊＊＊＊＊＊＊

 3．令和＊＊年＊＊月＊＊日　所有権移転登記
    （土地の表示）
      所　　在　　＊＊市＊＊区＊＊町＊＊丁目
      地　　番　　＊＊番地＊＊
      地　　目　　宅地
      地　　積　　＊＊平方メートル

    （主である建物の表示）
      所　　在　　＊＊市＊＊区＊＊町＊＊丁目＊＊番地＊＊
      家屋番号　　＊＊番＊＊号
      種　　類　　居宅
      構　　造　　木造スレート葺2階建
      床 面 積　　1階　＊＊平方メートル
                  2階　＊＊平方メートル

 4．令和＊＊年＊＊月＊＊日　送金　＊＊＊＊＊＊
                                              以上
```

【図表125　職務期間中の収支内訳の例】

```
別紙2
              職務期間中の収支内訳

 1．収入
    令和＊＊年＊＊月＊＊日        ＊＊＊＊＊＊＊＊
    令和＊＊年＊＊月＊＊日        ＊＊＊＊＊＊＊

 2．支出
    令和＊＊年＊＊月＊＊日        ＊＊＊＊＊
    令和＊＊年＊＊月＊＊日        ＊＊＊＊＊＊
                                              以上
```

第3編　相続・遺言関連業務

　相続および遺言に関連する業務として、各種の契約締結に関わる業務があります。この編では、それらの業務について解説します。
　相続・遺言関連業務の相談を受けた場合は、相談者の状況に応じて、次のような仕組みを併せて提案・説明することで、新たな業務につながる可能性があります。

事案に応じた仕組みの提案・説明

　相続手続の依頼を受けた際に、相続財産や親族関係について調査する中で、相続人やその親族が将来の財産管理や身寄りがないことに悩みや不安を抱えているとわかる場合があります。このような場合は、それぞれの状況に応じた対策を提案・説明しておくことで、業務が完了した後に新たな依頼を受けられる可能性があります。

　また、遺言作成の依頼を受けた際に、遺言書に含めたいと考えていることを遺言者から聞き取る中で、遺言作成以外の方法で遺言者の希望に応えられるとわかる場合があります。このような場合は、他の仕組みを提案・説明することで、別の業務の依頼を併せて受けられる可能性があります。

　こうした事案に応じた提案・説明により、依頼者の問題解決に一緒に取り組むことは、依頼者からの信頼を獲得することにつながります。

提案・説明する仕組みの例

　相談者が相続分による財産の承継とは別に相続人に財産を譲り渡したい、もしくは相続人以外の孫やお世話になった人に財産を譲り渡したいと考えている場合、または相続税を節税したいと考えている場合は、遺言書による遺贈の他、生前贈与、死因贈与について説明します。

　相談者に身寄りがなく、病院への入院または介護施設への入居のため、債務の支払いを保証する身元保証人を必要としている場合は、身元保証を提案します。また、身柄の引受けや連絡のため必要となる身元引受も提案します。

　相談者が財産の管理や契約関係の処理などの、生前の様々な事務の処理を任せたいと考えている場合は、財産管理の委任を含む事務委任を提案します。また、葬儀・供養の手続や遺品の整理などの、亡くなった後の様々な事務の処理を任せたいと考えている場合は、死後事務委任を提案します。

　相談者が将来、判断能力が低下したときの財産の扱い、介護が必要な配偶者や障害を抱えた子の生活の支援、ペットの飼育などに悩んでいる場合は、任意後見や家族信託について説明します。家族信託は、相談者の生前から亡くなった後にかけての財産の管理を任せる役割と、亡くなった後の財産の承継先を定める遺言と同様の役割を併せもつ仕組みとしても提案できます。

第1章 贈与契約書作成業務

　贈与契約は、相続対策の1つとして、財産を譲り渡すために利用されます。
　贈与には、贈与者の生前に財産を譲り渡す贈与（いわゆる生前贈与、民法第549条）と、贈与者の死亡を条件として財産を譲り渡す死因贈与（民法第554条）があります。財産を譲り渡す方法として、この他に遺言により行う遺贈（民法第964条）があります。
　生前贈与および死因贈与は、贈与者と受贈者の合意により成立するのに対して、遺贈は、遺言という遺言者の単独行為により成立します。生前贈与および死因贈与は、口約束による契約でも有効に成立します（民法第522条第2項）。しかし、口約束では証拠が残らず、トラブルとなる可能性が高くなります。そこで、一般的に生前贈与および死因贈与を行う場合は、贈与を行った証拠を残すため、当事者間で贈与契約書を作成します。
　依頼者が財産の贈与を検討している場合は、相続と贈与に課される税金の違い、利用できる控除の仕組み、遺留分の計算における持ち戻しなどの相続への影響について説明します。
　贈与契約書を作成する場合は、依頼者の具体的な状況に応じて相続税や贈与税の額を試算する必要があるため、税理士と連携して業務を行う必要があります。

■公正証書による贈与契約書の作成
　贈与契約書は、公正証書により作成することもできます。公正証書によることで契約書の証拠力が高くなります。
　また、契約書の原本が公証役場に保管されることで、契約書を紛失するお

第1章　贈与契約書作成業務

それがなくなります。

1　贈与および遺贈と税金

贈与や遺贈にかかる税金

　生前贈与では、受贈者に対して贈与税が課されます。これに対して、贈与者の死亡により効果が発生する死因贈与および遺贈では、受贈者に対して相続税[※1]が課されます。

　贈与税には、生前の贈与により相続税の課税を逃れることを防ぐ意味があり、贈与税の税率は相続税よりも高くなっています。

　ただし、若い世代への資産の移転を促進する目的から、贈与税では、暦年課税[※2]と相続時精算課税[※3]という仕組みを利用できます。

　不動産登記を行う場合の登録免許税については、贈与と遺贈のいずれも、相続より税率が高くなっています（相続の場合は0.4％、贈与・遺贈の場合は2％）。また、贈与と特定遺贈による不動産の取得には、不動産取得税（1.5％〜4％）が課されます。

※1　国税庁「相続税の税率」
　　　（https://www.nta.go.jp/taxes/shiraberu/taxanswer/sozoku/4155.htm）
※2　国税庁「贈与税の計算と税率（暦年課税）」
　　　（https://www.nta.go.jp/taxes/shiraberu/taxanswer/zoyo/4408.htm）
※3　国税庁「相続時精算課税の選択」
　　　（https://www.nta.go.jp/taxes/shiraberu/taxanswer/sozoku/4103.htm）

相続税と贈与税の税率の例

　例として、相続の場合は、法定相続分相当額から基礎控除した後の取得金額が3000万円超のとき20％の税率が適用されますが（図表126）、生前贈与の場合は、贈与額から基礎控除した後の課税価格が3000万円超のとき55％の税率が適用されます（図表127）。なお、贈与を受けた年の1月1日に18歳以上の者が、直系尊属から贈与を受けた場合、軽減された特例税率が適用されますが、この場合でも50％の税率が適用されます（図表128）。

【図表126　相続税の税率】

法定相続分に応ずる取得金額	税率	控除額
1,000万円以下	10%	-
1,000万円超から3,000万円以下	15%	50万円
3,000万円超から5,000万円以下	20%	200万円
5,000万円超から1億円以下	30%	700万円
1億円超から2億円以下	40%	1,700万円
2億円超から3億円以下	45%	2,700万円
3億円超から6億円以下	50%	4,200万円
6億円超	55%	7,200万円

【図表127　贈与税の税率（一般税率）】

基礎控除後の課税価格	税率	控除額
200万円以下	10%	-
300万円以下	15%	10万円
400万円以下	20%	25万円
600万円以下	30%	65万円
1,000万円以下	40%	125万円
1,500万円以下	45%	175万円
3,000万円以下	50%	250万円
3,000万円超	55%	400万円

【図表128　贈与税の税率（特例税率）】

基礎控除後の課税価格	税率	控除額
200万円以下	10%	-
400万円以下	15%	10万円
600万円以下	20%	30万円
1,000万円以下	30%	90万円
1,500万円以下	40%	190万円
3,000万円以下	45%	265万円
4,500万円以下	50%	415万円
4,500万円超	55%	640万円

■暦年課税

　暦年課税とは、受贈者ごとに、1月1日から12月31日までの1年間に受けた贈与の合計額から暦年課税に係る基礎控除額110万円を控除した残額に対して、贈与税が課税される仕組みです。

　ただし、贈与者の相続開始前3年以内の贈与の全額、および3年より前7年以内の贈与の合計額から100万円を控除した残額については、贈与税の課税対象となります。

　基礎控除額を利用して毎年110万円までの非課税の贈与を行う方法を暦年贈与といいます。毎年、子や孫に少しずつ贈与を行い、相続によって取得する財産の価額を減らすことで、相続税の負担を軽減することができます。

■相続時精算課税

　相続時精算課税とは、1月1日から12月31日までの1年間に受けた贈与の合計額から相続時精算課税に係る基礎控除額110万円を控除し、特別控除額2500万円を控除した残額に対して、20%の贈与税が課税される仕組みです。

　特別控除額は、贈与者の相続開始前の贈与を合計した限度額となり、前年までに限度に達した場合は控除されません。特別控除額については、相続税の課税対象となります。

　相続時精算課税は、原則として、贈与者が贈与をした年の1月1日に60歳以上の受贈者の父母または祖父母などであること、および受贈者が贈与を受けた年の1月1日に18歳以上の贈与者の直系卑属である推定相続人または孫であることが必要です。また、贈与税の申告書の提出期間に、納税地の所轄税務署長に対して、相続時精算課税選択届出書を提出する必要があります。

　なお、相続時精算課税は、特別控除額までの贈与に対する課税のタイミングを相続税の課税される時点まで遅らせる仕組みです。相続時精算課税を選択したからといって、相続税が非課税となるわけではないことに注意が必要です。また、相続時精算課税を選択すると、暦年課税は使用できなくなるほか、小規模宅地等の特例を適用できなくなるため、慎重な判断が必要です。

【図表129　暦年課税と相続時精算課税】

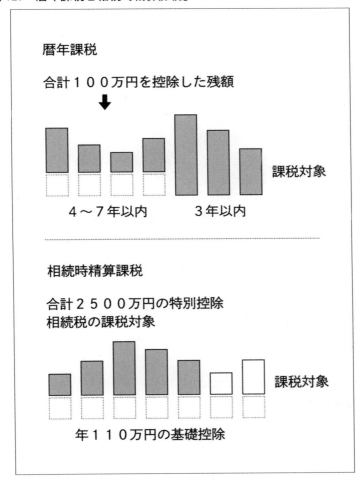

2　贈与契約書の記載内容

　贈与契約書には、定められた書式はありませんが、一般的に次のような内容を記載します。契約書の冒頭には、表題および①贈与契約を締結した旨を記載します。次に、②贈与契約の内容を記載します。最後に③贈与契約が成

立した旨の記載および④贈与契約の締結日を記載します。契約書の末尾には、⑤贈与者および受贈者の住所を記載し、⑥署名・押印をします。

① 贈与契約を締結した旨の記載
② 贈与契約の内容
③ 贈与契約が成立した旨の記載
④ 贈与契約の締結日
⑤ 贈与者および受贈者の住所
⑥ 贈与者および受贈者の署名・押印

■贈与契約を締結した旨の記載

贈与契約を締結した旨の記載は、一般的に図表130のように記載します。

【図表130　贈与契約を締結した旨の記載例】

> 贈与者○○○○（以下「甲」という）と受贈者●●●●（以下「乙」という）は、以下のとおり贈与契約を締結した。

■贈与契約の内容の記載

贈与契約の内容は、一般的に図表131のように記載します。このとき、贈与者、受贈者、贈与する財産、贈与を履行する日、贈与の方法を明確にします。

【図表131　贈与契約の内容の記載例】

現金の贈与の場合

> 第1条　甲は、以下の財産を乙に贈与することを約し、乙はこれを承諾した。
> 　現金　100万円
>
> 第2条　甲は、令和＊＊年＊＊月＊＊日までに前条の財産を、乙の指定する口座に振り込む方法により引き渡すものとする。なお、振込手数料は甲の負担とする。

株式の贈与の場合

> 第1条　甲は、以下の財産（以下「本件株式」という）を乙に贈与するこ

とを約し、乙はこれを承諾した。
　＊＊証券＊＊支店　口座番号＊＊＊＊＊＊
　株式　銘柄　＊＊＊＊＊＊　　　株式数２０００株

第２条　甲は、令和＊＊年＊＊月＊＊日までに本件株式を、乙が＊＊証券に開設する口座に移管することを依頼するものとし、当該移管により本件株式の所有権が乙に移転するものとする。なお、移管手数料は甲の負担とする。

不動産の贈与の場合

第１条　甲は、以下の財産（以下「本件不動産」という）を乙に贈与することを約し、乙はこれを承諾した。
　土地の表示（略）
　建物の表示（略）

第２条　甲は、令和＊＊年＊＊月＊＊日までに本件不動産を乙に引き渡し、所有権移転登記手続を行うものとする。なお、所有権移転登記手続に必要な一切の費用は乙の負担とする。

■贈与契約が成立した旨の記載

　贈与契約が成立した旨の記載は、一般的に図表132のように記載します。

【図表132　贈与契約が成立した旨の記載例】

　以上のとおり贈与契約が成立したので、これを証するため本契約書２通を作成し、甲乙が署名捺印のうえ、各自１通を保管する。
　令和＊＊年＊＊月＊＊日

■贈与者および受贈者の住所、署名・押印

　贈与者および受贈者の住所は、一般的に図表133のように記載します。
　押印は、実印で行う必要はありませんが、実印により押印することで契約書の信頼性が高まります。

【図表133　贈与者および受贈者の住所、署名・押印の記載例】

```
贈与者（甲）
住所　　＊＊県＊＊町＊＊丁目＊＊番＊＊号
氏名　　○○○○　　印


受贈者（乙）
住所　　＊＊県＊＊市＊＊町＊＊丁目＊＊番＊＊号
氏名　　●●●●　　印
```

■割印および収入印紙

　贈与契約書には、贈与者と受贈者が割印を押印することが一般的です。割印は、実印である必要はありませんが、通常は実印が用いられます。割印は、契約書をずらして重ね合わせ、跨ぐ形で押印します。これにより、契約書が同一の内容で作成されたことの証明とします。割印は、契約書が有効であるための要件ではなく、割印が無くても契約書は有効です。しかし、一般的には割印があることで契約書の改ざんが防止されるため、信頼性が高いとみられます。

　贈与する財産が不動産の場合や、受贈者に一定の負担がある負担付贈与の場合は、贈与契約書に対して印紙税が課されます。これらの場合は、契約書に印紙税額に応じた収入印紙を貼り付け、消印をする必要があります（印紙税法別表）。

　印紙税は、現金や株式の贈与で受贈者に負担がない場合は課されません。不動産の贈与の場合は、不動産の評価額によらず一律200円が課されます。負担付贈与の場合は、負担する金額に応じた印紙税が課されます。不動産の贈与の場合であっても、不動産の評価額ではなく、譲渡の対価が契約書に記載されている場合は、その金額に応じた印紙税が課されるため注意が必要です。

　消印は、通常、収入印紙と契約書を跨ぐ形で押印して行います。消印に用いる印章は、契約書の押印に用いたものとは別の印章でも構いません。また、印章ではなく署名により消印をすることもできます。

第2章 身元保証業務

　身元保証は、身寄りのない人や家族が遠方に住んでいる人が、医療機関に長期入院する場合や介護施設などに入居する場合に、費用の支払いの保証を受けるために利用されます。

　身元保証において受託者（保証人）は、委託者（被保証人）の費用の未払いに対する責任を負うことになります。そこで、身元保証を受託する場合は、委託者の経済状況を調査したうえで、その支払い能力に応じて、一定の財産を預託させる必要があります。財産を預託させる場合は、適切に財産を管理するため、財産管理委任契約を締結するようにします。

　身元保証のリスクを軽減する方法として、身元保証業務を個人として行わず、法人として行うことも考えられます。身元保証業務を法人が行うことで、個人が直接責任を負うことがなくなり、また法人の構成員に変更があっても、業務を円滑に引き継ぐことができます。

　受託者が委託者の任意後見人に就いているなど、身元保証を行うことが利益相反となる場合もあるため、そのような関係にないか注意が必要です。

1　身元保証委託契約書の記載内容

　身元保証委託契約書には、定められた書式はありませんが、一般的に次のような内容を記載します。

　契約書の冒頭には、表題および①身元保証委託契約を締結した旨を記載します。

　次に、②身元保証契約の内容を記載します。最後に③身元保証契約が成立した旨の記載および④身元保証契約の締結日を記載します。

契約書の末尾には、⑤保証人および被保証人の住所を記載し、⑥署名・押印をします。
① 身元保証委託契約を締結した旨の記載
② 身元保証契約の内容
③ 身元保証契約が成立した旨の記載
④ 身元保証契約の締結日
⑤ 保証人および被保証人の住所
⑥ 保証人および被保証人の署名・押印

■身元保証委託契約を締結した旨の記載
　身元保証委託契約を締結した旨の記載は、一般的に次のように記載します。
【図表134　身元保証委託契約を締結した旨の記載例】
> 保証人○○○○（以下「甲」という）と被保証人●●●●（以下「乙」という）は、以下のとおり身元保証委託契約を締結した。

■身元保証委託契約の内容
　身元保証委託契約の内容は、一般的に図表135のように記載します。
　「契約の目的」では、契約が債務の保証を目的としたものである旨を、「保証の範囲」では、どのような債務を保証するのかを記載します。このとき、保証人が個人の場合は、極度額を定める必要があります（民法第465条の2第2項）。
　「契約の期間」では、法律の上限である5年を超えないようにする必要があります（身元保証ニ関スル法律第2条第1項）。期間を定めなかった場合は、契約の期間は3年となります。5年を超える期間にわたり身元保証を継続したい場合は、期間満了の翌日から契約を更新する旨を定めておきます。更新について定める場合は、委託者から更新の申出があったときに更新する旨を定めておきます。期間満了により自動的に契約が更新される旨の定めは、無効とした裁判例があるため、委託者が更新するか判断する機会を設けた方がよいでしょう。
　「財産状況の開示」では、保証期間中の財産状況の変化に応じて必要な調

査ができるように、財産状況の開示義務を定めておきます。
　「契約の解除」では、身元保証を必要とする契約が終了したときに、身元保証委託契約が終了するようにします。

【図表135　身元保証委託契約の記載例】

第1条（契約の目的）
　本契約は、乙が以下の施設（以下「丙」という）に入居する契約（以下「入居契約」という）を締結するにあたり、甲が乙の債務の支払いを保証することを目的とする。
　　株式会社□□□□　介護付き有料老人ホーム△△△△
　　住所　＊＊県＊＊町＊＊丁目＊＊番＊＊

第2条（保証の範囲）
　甲は、乙が丙に対して負担する入居費用、食費、水道光熱費、介護費用その他の債務について、100万円を極度額として、乙と連帯して、丙に対して債務を支払うことを保証する。

第3条（契約の期間）
　本契約の期間は、入居契約締結日から5年間とする。ただし、期間満了の1か月前までに乙から本契約を更新する旨の申出があったときは、期間満了の翌日から引き続き5年間、本契約と同一条件で更新する。

第4条（料金）
1　甲は、本契約に基づき乙の債務の支払いを保証するにあたり、以下の料金の支払いを請求できる。
　　身元保証委託料　33万円（税込）
2　甲は、本契約を更新するときは、以下の費用の支払いを請求できる。
　　契約更新料　5万5千円（税込）

第5条（財産状況の開示）
　乙は、本契約に基づく保証を受けるにあたり、甲から要求があったとき

は、乙の財産の状況をすみやかに開示しなければならない。

第6条（契約の解除）
　甲または乙は、以下のいずれかの事由が生じたときは、本契約を解除することができる。
　⑴　入居契約が終了したとき
　⑵　乙が死亡したとき
　⑶　甲または乙が破産手続開始決定を受けたとき
　⑷　乙が本契約の各条項に違反したとき
　⑸　甲乙間の信頼関係が破壊されたとき

第7条（解約）
　甲または乙は、相手方に対して、1か月前までに書面による通知をすることにより、いつでも本契約を解除することができる。

第8条（協議事項）
　甲および乙は、本契約に定めのない事項については、別途協議のうえで定める。

■身元保証委託契約が成立した旨の記載
　身元保証委託契約が成立した旨の記載は、一般的に図表136のように記載します。

【図表136　身元保証委託契約が成立した旨の記載例】

　以上のとおり身元保証委託契約が成立したので、これを証するため本契約書2通を作成し、甲乙が署名捺印のうえ、各自1通を保管する。
　令和＊＊年＊＊月＊＊日

■保証人および被保証人の住所、署名・押印
　保証人および被保証人の住所は、一般的に図表137のように記載します。
　押印は、実印で行う必要はありませんが、実印により押印することで契約

書の信頼性が高まります。

【図表137　保証人および被保証人の住所、署名・押印の記載例】

```
保証人（甲）
住所　＊＊県＊＊町＊＊丁目＊＊番＊＊号
氏名　○○○○　印


被保証人（乙）
住所　＊＊県＊＊市＊＊町＊＊丁目＊＊番＊＊号
氏名　●●●●　印
```

■身元引受委託契約

　身元引受は、一般的に、委託者の緊急時の連絡先となる、委託者本人やその所有物を引き取るなど、債務の保証以外の役割を担うことをいいます。法律上、身元引受は身元保証と区別されておらず（身元保証ニ関スル法律第1条）、身元保証に身元引受を含めて考える場合もあります。
　身元引受は、身元保証と併せて求められる場合があります。
　身元引受の委託を受ける場合は、身元保証と同様の契約書を作成します。一般的には、身元保証委託契約書の中に身元引受の内容を併せて記載します。

【図表138　身元引受委託契約の記載例】

```
第1条（契約の目的）
　本契約は、乙が以下の施設（以下「丙」という）に入居する契約（以下「入居契約」という）を締結するにあたり、甲が乙の債務の支払いを保証し、身元を引き受けることを目的とする。


第2条（保証・引受の範囲）
1　甲は、乙が丙に対して負担する入居費用、食費、水道光熱費、介護費用その他の債務について、100万円を極度額として、乙と連帯して、丙に対して債務を支払うことを保証する。
2　甲は、乙が丙を退去するとき、または乙が死亡したときは、乙の身柄および所持品を引き取る。
```

第3章 財産管理業務

　身元保証、事務委任、死後事務委任などでは、事務処理のための費用が必要となります。
　一般的に、これらの費用を支払う方法として、委任者が費用の支払いに充てる財産を受任者に預託する方法がとられます。この方法による場合、受任者は、委任者と財産管理委任契約を締結して、委任者のために預託された財産を管理します。

■財産管理の方法と信託口口座の活用
　財産を預託する方法には、受任者が費用の支払いを確実に受けられ、すみやかに事務処理に着手できるというメリットがあります。しかし、財産の管理をめぐっては、受任者が身元保証のために預託された財産を流用するという事件が発生しており、多額の財産を預託することに不安をもつ委任者も存在します。
　そこで、財産を管理するときは、管理の信頼性と透明性を確保するため、他の財産とは区別して管理（分別管理）するようにします。また、利益相反を避けるため、受任者は委任者から寄付などを受けないようにします。
　財産を適切に管理する方法として、信託銀行などの信託サービスを利用する方法があります。この方法では、委任者は信託銀行などの信託口口座に財産を預け、そこから費用を支払います。信託口口座を利用する方法には、信託銀行などが事務処理の状況を調査するため、安全に財産を管理できるというメリットがあります。
　しかし、サービスを利用するための費用がかかるというデメリットがあります。

■費用の支払いにおける生命保険の活用

　死後事務において費用を支払う方法として、受任者を生命保険金の受取人に指定する方法があります。生命保険金の受取人は、通常は2親等以内の親族に限られます。そこで、生命保険の契約時には親族を受取人に指定し、遺言で受取人を受任者に変更します。

　生命保険を利用する方法には、死後事務委任の契約時に費用を用意する必要がない、保険の仕組みを利用することで、財産を預けることによるリスクを低減できるというメリットがあります。

　しかし、委任者の年齢や健康状態によっては生命保険に新たに加入できない場合がある、生命保険契約では受取人に法人を指定できない、共済契約のように遺言で受取人を変更できない契約がある、免責事由などに該当することで生命保険金が支払われない可能性がある、生命保険金の支払いが遺贈によるものとして相続税が課される可能性があるなどのデメリットがあります。

■相続財産からの費用の支払い

　死後事務では、相続財産から費用の支払いを受ける方法もあります。この方法では、費用の支払いについて記載した遺言書を作成しておきます。相続財産から支払いを受ける方法には、死後事務委任の契約時に費用を用意する必要がない、委任者が生前に財産を他の目的に利用できるというメリットがあります。

　しかし、相続が開始した時点で費用を支払えるだけの財産が残されていない可能性がある、死後事務に長い期間がかかると遺産分割方法が複雑になる可能性があるなどのデメリットがあります。

1　財産管理委任契約書の記載内容

　財産管理委任契約書には、定められた書式はありませんが、一般的に次のような内容を記載します。

　契約書の冒頭には、表題および①財産管理委任契約を締結した旨を記載し

ます。次に、②財産管理委任契約の内容を記載します。最後に③財産管理委任契約が成立した旨の記載および④財産管理委任契約の締結日を記載します。契約書の末尾には、⑤委任者および受任者の住所を記載し、⑥署名・押印をします。

① 財産管理委任契約を締結した旨の記載
② 財産管理委任契約の内容
③ 財産管理委任契約が成立した旨の記載
④ 財産管理委任契約の締結日
⑤ 委任者および受任者の住所
⑥ 委任者および受任者の署名・押印

■財産管理委任契約を締結した旨の記載

財産管理委任契約を締結した旨の記載は、一般的に図表139のように記載します。

【図表139　財産管理委任契約を締結した旨の記載例】

○○○○（以下「甲」という）と受任者●●●●（以下「乙」という）は、以下のとおり財産管理委任契約を締結した。

■財産管理委任契約の内容

財産管理委任契約の内容は、一般的に図表140のように記載します。

「契約の目的」では、財産管理の目的が費用の支払いを確保することを目的としたものである旨を記載します。

「委任の内容」では、受任者の権限を明確にするため、委任する内容を包括的に記載するのではなく、個別具体的に記載します。

「契約の期間」では、財産管理を必要とする契約が終了したときに、財産管理委任契約が終了するようにします。

【図表140　財産管理委任契約の内容の記載例】

第1条（契約の目的）
　本契約は、甲と乙が乙を受託者とする身元保証委託契約（以下「身元保証契約」という）を締結するにあたり、乙が甲の預託した財産の管理を行

うことにより、身元保証契約に基づく料金（以下「身元保証料」という）の支払いを確保することを目的とする。

第2条（対象の財産）
　本契約は、甲が乙に預託する金100万円（以下「預託金」という）を管理の対象とする。

第3条（委任の内容）
　甲は、乙に対して、以下の内容による財産の管理を委任する。
　⑴　預託金の管理
　⑵　預託金を管理するために必要な費用の支払い
　⑶　身元保証料の支払い
　⑷　以下の財産管理口座における預託金の振込み、および払戻しを含むすべての取引
　＊＊銀行＊＊支店　普通口座　口座番号＊＊＊＊＊＊　名義人　●●●●

第4条（契約の期間）
　⑴　本契約は、甲が乙に預託金を引き渡したときに開始する。
　⑵　本契約は、身元保証契約に基づく業務が終了し、乙が甲にすべての費用および乙の報酬を清算した残余金を引き渡したときに終了する。

第5条（費用の負担）
　乙が預託金を管理するために必要な費用は、甲の負担とし、乙は、預託金からこれを支出することができる。

第6条（報酬）
　甲は、本契約の効力発生後、乙に対し、預託金を管理することに対する報酬として、月額3万3千円（税込）を支払うものとする。その場合、乙は、預託金からその支払いを受けるものとする。

第3章　財産管理業務

第7条（財産の管理）
　乙は、甲に対して、善良な管理者の注意をもって、預託金を管理する義務を負う。

第8条（管理状況の報告）
　乙は、甲から要求があったときは、預託金の管理状況をすみやかに報告しなければならない。

第9条（損害賠償）
　乙は、本契約に基づく預託金の管理を怠り、甲に損害を与えたときは、その損害を賠償する。ただし、乙は、十分な注意をしたにもかかわらず生じた損害については、賠償する責任を負わない。

第10条（契約の解除）
　甲または乙は、以下のいずれかの事由が生じたときは、本契約を解除することができる。
　(1)　身元保証契約が終了したとき
　(2)　甲が死亡したとき
　(3)　甲または乙が破産手続開始決定を受けたとき
　(4)　乙が本契約の各条項に違反したとき
　(5)　甲乙間の信頼関係が破壊されたとき

第11条（解約）
　甲または乙は、相手方に対して、1か月前までに書面による通知をすることにより、いつでも本契約を解除することができる。

第12条（協議事項）
　甲および乙は、本契約に定めのない事項については、別途協議のうえで定める。

■財産管理委任契約が成立した旨の記載

財産管理委任契約が成立した旨の記載は、一般的に図表141のように記載します。

【図表141　財産管理委任契約が成立した旨の記載例】

> 以上のとおり財産管理委任契約が成立したので、これを証するため本契約書2通を作成し、甲乙が署名捺印のうえ、各自1通を保管する。
> 令和＊＊年＊＊月＊＊日

■委任者および受任者の住所、署名・押印

委任者および受任者の住所は、一般的に図表142のように記載します。押印は、実印で行う必要はありませんが、実印により押印することで契約書の信頼性が高まります。

【図表142　委任者および受任者の住所、署名・押印の記載例】

> 委任者（甲）
> 住所　＊＊県＊＊町＊＊丁目＊＊番＊＊号
> 氏名　〇〇〇〇　印
>
> 受任者（乙）
> 住所　＊＊県＊＊市＊＊町＊＊丁目＊＊番＊＊号
> 氏名　●●●●　印

■移行型の任意後見を利用するときの記載

任意後見には、身元引受や財産管理といった契約を併せて締結する移行型の契約があります。

財産管理の場合であれば、当初は財産管理委任契約による財産管理を行い、本人が受任者の業務を監督し、判断能力が低下したときは任意後見人による管理に切り替え、任意後見監督人が任意後見人の業務を監督します。これにより、本人の状態に応じて円滑に管理方法を変えることができます。

こうした移行型の任意後見契約を利用する場合は、任意後見の開始により財産管理が終了する旨の規定を設けます。

第 4 章　任意後見業務

　任意後見とは、将来判断能力が低下した場合に備えて、本人に十分な判断能力があるうちに、契約により本人の代理人として事務を行う「任意後見人」と任意後見人に行わせる事務の内容を決めておく仕組みです。
　任意後見契約は、公正証書※により行う必要があります（任意後見契約に関する法律第 3 条）。
※日本公証人連合会「公証事務　4　任意後見契約」（https://www.koshonin.gr.jp/notary/ow04）

任意後見人

　任意後見人は、本人により指定され、「任意後見監督人」の監督の下で、本人の代わりに生活、療養看護、財産の管理に関する事務を行います。
　事務の中には、預貯金や不動産の管理、病院や介護施設との契約などが含まれ、具体的な内容は、任意後見契約で定める必要があります。
　法律上、任意後見人に指定できる者に制限はないため、本人は、法人を含めて自由に任意後見人を選択できます。

任意後見監督人

　任意後見監督人は、家庭裁判所により選任され、任意後見人が契約のとおりに事務を適正に行っているか監督し、本人と任意後見人の利益が相反する場合は、本人を代理します。
　任意後見監督人は、家庭裁判所に事務の報告を行い、監督を受けます。
　任意後見監督人には、通常、第三者である弁護士、司法書士、社会福祉士、税理士などの専門職や法律、福祉に関わる法人が選任され、配偶者、直系血族、兄弟姉妹などの本人に近い親族は選任されません。

■任意後見の検討

　任意後見の相談を受けたときは、次のような任意後見のメリットとデメリットを説明します。

　特に、任意後見が長期にわたって続いた場合、任意後見人や任意後見監督人の報酬が高額になる可能性があることを説明する必要があります。

　また、遺言書の作成、事務委任、死後事務委任、家族信託など他にとりうる方法を併せて提案します。

任意後見のメリット
① 信頼のおける人に財産管理を任せることができる。
② 任意後見は登記されるため、財産管理の方法をめぐって争いが起こることを防止できる。
③ 病院への入院や介護施設への入居の際に、預金口座を解約する、家を売却するなどして必要な資金を確保してもらえる。
④ 家族や親族が亡くなったときに、本人の代わりに遺産分割協議に参加してもらえる。
⑤ 高齢の子が親を介護している場合や高齢の親が知的障害のある子を介護している場合に、介護されている者を守ることができる。

任意後見のデメリット
① 任意後見人や任意後見監督人の報酬が発生する。
② 介護などの事実行為を任せることはできない。
③ 本人が亡くなった後の行為を任せることはできない。
④ 任意後見人は本人の行った法律行為を取消すことができない。

1　任意後見契約

■任意後見契約の流れ

　公正証書による任意後見契約は、次のような流れで行います。

公正証書案を作成する流れ
① 任意後見人にどのような権限を与えるか、委任者の希望を確認します。
② 任意後見契約書の原案を作成します。
③ 委任者と契約書の原案の内容を調整します。
④ 公証人にメールなどで契約書の原案を示して契約の内容を説明します。
⑤ 公証人から変更すべき部分などの意見を聞き、契約の内容を調整します。
⑥ 公証人は調整した内容を基に公正証書案を作成します。
⑦ 公証役場と公正証書を作成する日時や場所を調整します。

公正証書を作成する当日の流れ
① 公証人は本人確認を行います。
② 公証人は委任者の意思能力や契約締結の意思を確認します。
③ 公正証書の内容を確認します。
④ 委任者、受任者、公証人は、公正証書に署名・押印します。
⑤ 公正証書の正本を受け取り、手数料を支払います。

任意後見契約の登記
　公正証書を作成すると、任意後見契約の登記に契約の内容が記録されます。

■公正証書の作成に必要となる書類
　公正証書を作成する当日は、次のような書類、委任者および受任者の実印が必要となります。
　また、事前に公証役場から示される手数料を委任者に用意してもらいます。
① 委任者の戸籍謄本または抄本
② 委任者および受任者の住所や氏名が分かる住民票
③ 委任者および受任者の印鑑登録証明書　３か月以内に発行された証明書が必要です。

■公正証書の作成にかかる手数料
　任意後見契約公正証書を作成する場合は、手数料がどの程度かかるのか説

明する必要があります。

任意後見契約公正証書の作成にかかる手数料は、公証人手数料令で1万1000円と定められています（公証人手数料令第16条）。

この他、収入印紙代として2600円、登記嘱託手数料として1400円などがかかり、病床執務加算、日当、交通費などがかかる場合もあります（第2編第1章2（2）「公正証書遺言」を参照）。

2　任意後見契約書の記載内容

■任意後見契約の内容

任意後見契約の内容は、一般的に図表143のように記載します。

任意後見人に与える権限については、別紙の「代理権目録」に列挙します。

「報酬」では、状況の変化があった場合や特別な事務処理が必要であった場合に報酬の額を変更できるようにします。

「契約の終了」では、法定後見が開始したときに、任意後見契約が終了するようにします。

【図表143　任意後見契約の内容の記載例】

第1条（契約の趣旨）
　委任者（以下「甲」という）は受任者（以下「乙」という）に対し、令和＊＊年＊＊月＊＊日、精神上の障害により事理を弁識する能力が不十分な状況における甲の生活、療養看護および財産の管理に関する事務（以下「後見事務」という）を委任し、乙はこれを受任する。

第2条（契約の発効）
1　前条の任意後見契約（以下「本契約」という）は、家庭裁判所において、任意後見監督人が選任されたときから、その効力を生じる。
2　甲が精神上の障害により事理を弁識する能力が不十分な状況になったときは、乙は、すみやかに、家庭裁判所に対し、任意後見監督人の選任の請求をするものとする。

第3条（委任事務の範囲）
　甲は、乙に対し、（別紙）代理権目録記載の後見事務（以下「本件後見事務」という）を委任し、その事務処理のための代理権を与える。

第4条（身上配慮の責務）
　乙は、本件後見事務を行うに当たっては、甲の意思を尊重し、かつ、甲の身上に配慮するものとし、その事務処理のため、必要に応じて甲と面接し、ヘルパーその他日常生活援助者から甲の生活状況について報告を求め、主治医その他医療関係者から甲の心身の状態について説明を受けることなどにより、甲の生活状況および健康状態の把握に努めるものとする。

第5条（証書等の保管等）
1　甲は、乙に対し、本件後見事務を行うために次の証書等を引き渡すものとする。乙は、これらの証書等の引渡しを受けたときは、甲に対し、その明細および保管方法を記載した預り証を交付する。
　(1)　登記済権利証・登記識別情報
　(2)　実印・銀行印
　(3)　印鑑登録カード、住民基本台帳カード、個人番号（マイナンバー）カード、個人番号（マイナンバー）通知カード
　(4)　預貯金通帳
　(5)　キャッシュカード
　(6)　有価証券・その他預り証
　(7)　年金関係書類
　(8)　健康保険証・介護保険証
　(9)　土地・建物賃貸借契約書等の重要な契約書類
　(10)　その他本件後見事務を行うために必要な一切の書類
2　乙は、本任契約の効力発生後、甲以外の者が前項の証書等を所持しているときは、その者からこれらの証書等の引渡しを受けて、自ら保管することができる。
3　乙は、本件後見事務を行うために必要な範囲で引渡しを受けた証書等

を使用することができる。また、乙は、本件後見事務に関すると思われる甲宛の郵便物等を受け取り、開封することができる。

第6条（費用の負担）
　乙が本件後見事務を行うために必要な費用は、甲の負担とし、乙は、その管理する甲の財産からこれを支出することができる。

第7条（報酬）
1　甲は、本契約の効力発生後、乙に対し、本件後見事務を行うことに対する報酬として、月額3万3千円（税込）を支払うものとする。その場合、乙は、その管理する甲の財産からその支払いを受けるものとする。
2　前項の報酬の額とすることが、甲の生活状況もしくは健康状態の変化または経済情勢の変動その他の理由により適切でなくなったときは、甲および乙は、任意後見監督人と協議して、報酬の額を変更することができる。
3　前項の場合において、甲が事理を弁識する能力が不十分な状況にあるときは、乙は、甲に代わって、任意後見監督人との合意により報酬の額を変更することができる。
4　後見事務処理が、不動産の処分、訴訟行為、その他通常の管理事務の範囲を超えたものであるときは、甲は、乙に対し、通常の報酬とは別に報酬を支払う。その場合、報酬の額は、甲および乙が任意後見監督人と協議して定めるものとする。甲が事理を弁識する能力が不十分な状況にあるときは、乙は、甲に代わって、任意後見監督人との合意により報酬の額を定めることができる。
5　前三項の契約は、公正証書によってしなければならない。

第8条（報告義務）
1　乙は、任意後見監督人に対し、3か月ごとに、本件後見事務に関する次の事項について書面で報告するものとする。
　(1)　乙の管理する甲の財産の管理状況

(2)　甲を代理して取得した財産の内容、取得の時期・理由・相手方および甲を代理して処分した財産の内容、処分の時期・理由・相手方
　(3)　甲を代理して受け取った金銭および支払った金銭の状況
　(4)　甲の日常生活の支援、介護、医療、住居の確保などの生活、療養看護について行った事柄
　(5)　費用の支出および支出した時期・理由・相手方
　(6)　報酬の定めがある場合の報酬の受領日・金額
2　乙は、任意後見監督人の請求があるときは、いつでもすみやかにその求められた事項について報告するものする。

第9条（契約の解除）
1　甲および乙は、任意後見監督人が選任されるまでの間は、いつでも公証人の認証を受けた書面によって本契約を解除することができる。
2　甲または乙は、任意後見監督人が選任された後は、正当な事由がある場合に限り、家庭裁判所の許可を得て、本契約を解除することができる。

第10条（契約の終了）
1　本契約は、前条の場合の他、次の場合に終了する。
　(1)　甲が死亡したとき
　(2)　甲または乙が破産手続開始決定を受けたとき
　(3)　任意後見監督人が選任された後に甲が法定後見（後見・保佐・補助）開始の審判を受けたとき
2　甲または乙は、任意後見監督人が選任された後に前項各号の事由が生じたときは、すみやかにその旨を任意後見監督人に通知するものとする。
3　甲または乙は、任意後見監督人が選任された後に第1項各号の事由が生じたときは、すみやかに任意後見契約終了の登記を申請するものとする。

■代理権目録の記載内容

　代理権目録は、「任意後見契約に関する法律第三条の規定による証書の様

式に関する省令」※の「附録第1号様式」または「附録第2号様式」で作成する必要があります。

記載する権限の内容は自由に決めることができます。ただし、「財産管理に関する一切の行為」のように抽象的な記載では、代理権の範囲が不明確となり、代理権の有無について相手方に疑いをもたれる可能性があります。そのため、代理権の内容は、ある程度具体的に記載する必要があります。

また、代理権目録には、介護などの事実行為、本人の意思が重要となる医療行為の同意や延命治療の拒否、本人が亡くなった後の死後事務などを記載することはできません。

※ e-Gov法令検索「任意後見契約に関する法律第三条の規定による証書の様式に関する省令」
（https://laws.e-gov.go.jp/law/412M50000010009/）

【図表144　附録第2号様式の記載例】

1	すべての財産の管理・保存・処分等に関する事項
2	金融機関とのすべての取引に関する事項

3　任意後見の開始

委任者の判断能力が低下したとき、任意後見人に指定された者（任意後見受任者）は、すみやかに、家庭裁判所に任意後見監督人の選任の申立を行う必要があります。

選任の申立が必要となる判断能力の程度について、一般的には、軽度の認知症などにより、日常生活には問題がないが、財産の管理などで適切な判断を行えず、他者の支援が必要と評価される程度とされています。

任意後見監督人の選任は、本人、配偶者、4親等内の親族からも申し立てることができます。

家庭裁判所は、選任の申立があると、任意後見監督人選任の審判を行います。この審判では、本人の判断能力、生活や財産の状況などを評価して任意後見監督人を選任します。申立人や任意後見受任者には通知が送付され、審判の内容は登記されます。任意後見監督人が選任されたときから、任意後見は開始します。

死後事務受任業務

　死後事務委任契約とは、委任者が亡くなった後に発生する様々な事務（死後事務）の処理を行う権限を受任者に与える契約です。

　死後事務委任契約は、一般的には、公正証書により行います。

　死後事務は、委任者が亡くなった後に事務を行うことから、事務処理にかかる費用に充てるため、一定の財産を預託させる必要があります。財産を預託させる場合は、適切に財産を管理するため、財産管理委任契約を締結するようにします。

1　死後事務の内容

　委任者が亡くなった後に発生する事務には、相続手続に関わる事務が含まれますが、それらを除くほとんどの事務が、死後事務委任契約の対象となります。

　死後事務委任契約の対象となる事務には、次のようなものがあります。

① 　死亡時の届出、葬儀・供養・埋葬
　(i)　死亡診断書または死体検案書の取得
　(ii)　死亡届の提出※
　(iii)　死体火葬埋葬許可の申請
　(iv)　葬儀社の手配
　(v)　斎場・火葬場の予約
　(vi)　宗教家や親族などへの連絡
　(vii)　葬儀・供養・埋葬の調整・立会い
② 　行政手続

(ⅰ)　公的身分証明書・資格証明書の返納
　(ⅱ)　社会保険の手続
③　契約関係の整理
　(ⅰ)　葬儀・供養・埋葬費の支払い
　(ⅱ)　医療費・入院費・介護費・施設利用料の支払い
　(ⅲ)　賃料・管理費の支払い
　(ⅳ)　水道光熱費・通信費の支払い
　(ⅴ)　クレジットカード・ローンの支払い
　(ⅵ)　水道・電気・ガスの解約
　(ⅶ)　固定電話・携帯電話・インターネットの解約
　(ⅷ)　クレジットカードの解約
　(ⅸ)　賃貸住宅の解約
　(ⅹ)　新聞・サブスクリプション契約の解約
④　遺品・家財の整理・賃貸物件の明け渡し
　(ⅰ)　遺品整理業者の手配
　(ⅱ)　遺品・家財の整理の調整・立会い
　(ⅲ)　デジタル遺品の整理
　(ⅳ)　清掃業者の手配
　(ⅴ)　賃貸物件の原状回復・明け渡し
※死亡届の提出は、後述するように任意後見人や任意後見受任者として行う必要があります。

■死亡時の届出、葬儀・供養・埋葬

　委任者本人が亡くなったときは、7日以内に市区町村に死亡届を提出します。このとき医師から交付された死亡診断書または死体検案書を添付します。本人が病院で亡くなった場合は、通常は、病院が死亡届を作成します。

　死亡届と併せて、市区町村に死体火葬埋葬許可の申請書を提出します（許可の名称は市区町村により異なります）。一般的に死体火葬埋葬許可を申請するときは、斎場・火葬場を記載する必要があるため、葬儀社の手配も同時に行い、どこの斎場・火葬場を利用するか相談します。

　死体火葬埋葬許可証が発行された後、斎場・火葬場を予約します。斎場・

火葬場は混雑する時期があるため、早めに予約するようにします。斎場・火葬場によっては、葬儀社からの予約が必要な場合があります。

続いて、葬儀社と葬儀に向けて調整を行い、宗教家や親族などに連絡を取ります。

葬儀は、形式、規模、宗教などについて本人や家族の希望があれば、それに従って行います。

葬儀の後は、供養や墓地への納骨などの埋葬に向けて調整を行います。埋葬するときは、墓の使用権をもつ者の承諾が必要となることがあります。一般的には、死後事務委任契約を締結する際に、本人に権利者から承諾を得てもらいます。本人が散骨、樹木葬など墓への納骨以外の埋葬方法を希望している場合は、それらの調整を行います。

■行政手続

死亡届の提出の他にも、様々な行政手続を行う必要があります。公的身分証明書や資格証明書の中には、健康保険証や運転免許証のように、本人が亡くなった後、すみやかに返納する必要のあるものがあります。

また、健康保険・国民健康保険、国民年金・厚生年金、労働者災害補償保険（労災保険）といった、社会保険に関わる手続を行う必要があります。

特に、厚生年金の受給権者死亡届の提出（年金受給停止手続）[※]は、本人が亡くなってから10日以内に、国民健康保険・介護保険の資格喪失届の提出、国民年金の受給権者死亡届の提出（年金受給停止手続）[※]、世帯主変更届の提出は、本人が亡くなってから14日以内に行う必要があります。

社会保険に関わる手続が必要な場合は、社会保険労務士に業務を引き継ぐ必要があります。業務を引き継ぐ場合は、社会保険労務士の指示に従いながら必要な書類を収集・提供します。

※日本年金機構に住民票コードが収録されている場合は不要です。

行政手続の例
① 健康保険の高額療養費支給申請、埋葬料（費）支給申請
② 国民健康保険の資格喪失届の提出[※]、高額療養費支給申請、葬祭費支給

申請
③　介護保険の資格喪失届の提出、介護保険料還付請求
④　労働者災害補償保険（労災保険）の遺族（補償）等給付請求、葬祭料等（葬祭給付）請求
⑤　国民年金の受給権者死亡届の提出、未支給年金の請求、遺族基礎年金・寡婦年金・死亡一時金の請求
⑥　厚生年金の受給権者死亡届の提出、未支給年金の請求、遺族厚生年金の請求
※市区町村によって死亡届を提出すると不要になる場合があります。

■契約関係の整理
　葬儀・供養・埋葬が終わると、その費用を支払う必要があります。また、入院治療費や介護費など生前の未払いの債務も支払う必要があります。
　生前の契約関係は、名義の変更や解約手続を行います。
　遺産整理業務を行う場合は、並行して、これらの事務を処理します。

■遺品・家財の整理・賃貸物件の明け渡し
　遺品の整理では、本人が残した手紙や写真などの思い出の品を、家財の整理では、家具や家電製品などの不要品を整理します。
　遺品の整理には、デジタル遺品と呼ばれる電子データの整理が含まれます。メールやSNSなどのウェブサービス、パソコン、スマートフォンに記録された、連絡先、写真、動画などの様々な情報の管理や削除、電子マネー、ポイント、暗号通貨（仮想通貨）などのデジタル資産の名義変更や売却が必要となります。
　本人が賃貸住宅や賃貸型の高齢者施設に住んでいた場合は、必要に応じて室内の清掃を手配し、原状回復した後に明け渡します。
　その他、本人宛の郵便物や電子メールの確認、ペットの引き取り手探しなどが必要となります。
　遺品の整理には、専門的な知識・経験が必要となる場合があり、そのような場合は専門の事業者に依頼します。

■死後事務として委任できない事務

　死後事務委任契約では、委任者の生前の事務を委任することはできません。委任者が、介護、生活の見守り、生前の手続などを任せたいと考えている場合は、事務委任や任意後見を提案します。

　また、死後事務委任契約では、相続に関わる事項や身分に関わる事項を委任することもできません。委任者が、相続分の指定、遺産分割方法の指定、子の認知などをしたいと考えている場合は、遺言書の作成を提案します。

2　死後事務委任契約

■死後事務委任契約の流れ

　公正証書による死後事務委任契約は、次のような流れで行います。

公正証書案を作成する流れ

①　どのような事務を任せたいか、委任者の希望を確認します。
②　委任者と具体的な事務の内容や費用を調整します。
③　死後事務委任契約書の原案を作成します。
④　委任者と契約書の原案の内容を調整します。
⑤　公証人にメールなどで契約書の原案を示して契約の内容を説明します。
⑥　公証人から変更すべき部分などの意見を聞き、契約の内容を調整します。
⑦　公証人は調整した内容を基に公正証書案を作成します。
⑧　公証役場と公正証書を作成する日時や場所を調整します。

公正証書を作成する当日の流れ

①　公証人は本人確認を行います。
②　公証人は委任者の意思能力や契約締結の意思を確認します。
③　公正証書の内容を確認します。
④　委任者、受任者、公証人は、公正証書に署名・押印します。
⑤　公正証書の正本を受け取り、手数料を支払います。

■公正証書の作成に必要となる書類

　公正証書を作成する場合は、次のような書類、委任者および受任者の実印が必要となります。また、事前に公証役場から示される手数料を委任者に用意してもらいます。

① 　委任者および受任者の印鑑登録証明書　3か月以内に発行された証明書が必要です。
② 　委任者および受任者の本人確認書類　顔写真付きの公的身分証明書が必要です。

■公正証書の作成にかかる手数料

　死後事務委任契約公正証書を作成する場合は、手数料がどの程度かかるのか説明する必要があります。死後事務委任契約公正証書の作成にかかる手数料は、公証人手数料令で1万1000円と定められています（公証人手数料令第16条）。

　この他、収入印紙代として2600円などがかかり、病床執務加算、日当、交通費などがかかる場合もあります（第2編第1章2（2）「公正証書遺言」を参照）。

■私文書による契約書の作成

　死後事務委任契約は、私文書の契約書で行うこともできます。しかし、私文書で契約する場合は、葬儀の方法や財産の扱いをめぐって相続人と争いになるおそれがあります。

　そこで、契約書の証拠力を高めるため、契約書に実印で押印して印鑑登録証明書を添付するとともに、公証役場で確定日付を付与してもらいます。

　確定日付の付与には、手数料として700円がかかります。

3　死後事務委任契約書の記載内容

■死後事務委任契約の内容

　死後事務委任契約の内容は、一般的に図表145のように記載します。

委任する事務の詳細については、別紙の「委任事務一覧」に列挙します。

民法上、委任者が死亡した場合、委任契約は終了するため（民法第653条第1号）、「委任者の死亡による本契約の効力」では、委任者が死亡した場合に契約が終了しないようにします。

受任者が業務を行えない場合に、復代理人に業務を任せることができるように、「復代理人の選任」について定めておきます。また、予備的受任者を指定しておくこともできます。

「契約の解除」では、相続人による事務処理の妨害を防ぐため、相続人から契約を解除できないようにします。

【図表145　死後事務委任契約の内容の記載例】

第1条（契約の趣旨）
　委任者（以下「甲」という）は、受任者（以下「乙」という）に対し、令和＊＊年＊＊月＊＊日、甲の死亡後における事務（以下「死後事務」という）を乙に委任し、乙はこれを受任する。

第2条（契約の発効）
　前条の死後事務委任契約（以下「本契約」という）は、甲が死亡したときから、その効力を生じる。

第3条（委任者の死亡による本契約の効力）
1　甲が死亡した場合においても、本契約は終了しないものとする。
2　甲の相続人は、甲の本契約上の権利義務を承継するものとする。

第4条（委任事務の範囲）
　甲は、乙に対し、次の事務（以下「本件死後事務」という）を委任する。
　⑴　行政機関等への諸届け事務
　⑵　葬儀、火葬、納骨、埋葬、永代供養に関する事務
　⑶　医療費、入院費等の清算手続に関する事務
　⑷　介護費、施設利用料等の清算手続に関する事務
　⑸　公共サービス等の名義変更・解約・清算手続に関する事務

(6) 遺品、生活用品その他家財の整理・処分に関する事務
(7) 別紙「委任事務一覧」に定める事務
(8) 以上の各事務に関する費用の支払い

第5条（復代理人の選任）
　甲は、乙に対し、前条の事務を処理するに当たり、乙が復代理人を選任することを承諾する。

第6条（葬儀）
　第4条第2号の葬儀は、甲の指定する斎場にて行うものとする。

第7条（永代供養）
　第4条第2号の供養は、＊＊宗＊＊寺にて行うものとする。甲は、乙に対し、永代供養に必要となる証書等を引き渡すものとする。

第8条（連絡）
　甲が死亡した場合、乙は、すみやかに甲があらかじめ指定する親族等の関係者に連絡するものとする。

第9条（預託金）
1　甲は、乙に対し、本件死後事務を処理するために必要な費用および乙の報酬に充てるため、金100万を預託する。
2　乙は、甲に対し、前項の預託金（以下「預託金」という）について、預り証を発行するものとする。
3　預託金には、利息を付けないものとする。

第10条（費用の負担）
　本件死後事務を処理するために必要な費用は、甲の負担とし、乙は、預託金からこれを支出することができる。

第11条（報酬）
　甲は、本契約の効力発生後、乙に対し、本件死後事務に対する報酬として、55万円（税込）を支払うものとする。その場合、乙は、預託金からその支払いを受けるものとする。

第12条（契約の変更）
　甲または乙は、甲の生存中、いつでも本契約の変更を求めることができる。

第13条（契約の解除）
1　甲または乙は、甲の生存中、次のいずれかの事由が生じたときは、本契約を解除することができる。
　(1)　甲乙間の信頼関係が破壊されたとき
　(2)　乙が死後事務を処理することが困難な状態になったとき
　(3)　経済情勢の変動その他の理由により本契約を達成することが困難な状態になったとき
2　甲の相続人は、前項の場合を除き、本契約を解除することはできない。

第14条（契約の終了）
　本契約は、前条の場合の他、次の場合に終了する。
　(1)　乙が死亡したとき
　(2)　甲または乙が破産手続開始決定を受けたとき

第15条（預託金の返還）
　本契約が、第13条または第14条により終了したときは、乙は、預託金から費用および乙の報酬を控除し、残余金がある場合は、これを相続人に返還するものとする。

第16条（報告義務）
1　乙は、甲に対し、1年ごとに、預託金の保管状況について書面で報告するものとする。

2　乙は、甲の請求があるときは、いつでもすみやかにその求められた事項について報告するものする。
3　乙は、甲の指定する者に対し、本件死後事務が終了した日から1か月以内に、本件死後事務に関する次の事項について書面で報告するものとする。
　(1)　本件死後事務について行った措置
　(2)　費用の支出および支出した時期・理由・相手方
　(3)　報酬の受領日・金額

第17条（守秘義務）
　乙は、本件死後事務に関して知り得た甲の秘密を、正当な理由なく第三者に漏らしてはならない。

第18条（免責）
　乙は本契約の条項に従い、善良な管理者の注意を怠らない限り、甲および甲の相続人に生じた損害について責任を負わない。

第19条（協議）
　甲および乙は、本契約に定めのない事項については、別途協議のうえで定める。

■委任者が亡くなったときの対応を委任する場合

　死亡時の届出、葬儀・供養・埋葬など、委任者が亡くなった直後の事務を委任する場合は、受任者を緊急連絡先としておきます。これにより、受任者は、親族などへの連絡、病院や葬儀社との調整を円滑に行うことができます。
　委任者に身寄りがない場合は、身元保証や身元引受も併せて契約するようにします。

■死亡届の提出を委任する場合

　死亡届は、任意後見人や任意後見受任者に届出権限があるため（戸籍法第

87条第2項)、死亡届の提出を委任する場合は、併せて任意後見契約を締結する必要があります。

■受任者と遺言執行者が異なる場合
　受任者と遺言執行者が異なる場合、事務の内容が重複することがあります。この場合は、両者の事務の内容を確認し、重複する部分があるときは、どちらが事務を処理するか明確にしておく必要があります。
　通常、遺言執行者は、相続人の調査や遺言書に記載された相続財産に関わる事務を、死後事務の受任者はそれ以外の事務を行います。
　死後事務の開始後は、遺言執行者と連携して事務を処理する必要があります。

4　死後事務の開始

　委任者が死亡したときから、受任者は、契約で定められた事務を開始します。ただし、円滑に事務を開始できるよう、委任者の生前から手続や必要書類などを調べておくとともに、委任者の状況を定期的に把握しておくことも重要です。
　受任者は、死後事務の処理を行う間は、行った事務処理の内容を記録に残し、費用がかかったときは、支払いの証拠となる領収書などを整理しておきます。また、受任者は、契約で定められている事務処理の状況を報告すべき者や相続人に対して、預託金の管理状況や事務の進捗状況について定期的に報告します。
　すべての事務処理が終わった後、受任者は報酬や事務処理にかかった費用を清算し、残余金があるときは相続人に引き渡します。
　このとき、遺言執行者がいる場合は、遺言執行者に残余金を引き渡し、委任者に相続人がいない場合や相続人の存在が不明な場合は、家庭裁判所に相続財産清算人選任の申立を行うことがあります。
　死後事務が終了したとき、受任者は、行った事務処理の内容やかかった費用、清算後の預託金の残高などについて、相続人に説明します。

第6章 家族信託業務

　家族信託とは、将来判断能力が低下した場合や亡くなった場合に備えて、本人に十分な判断能力があるうちに、信頼のおける者に財産の管理や処分を任せる仕組みです。
　家族信託では、委託者が自由に財産管理の仕組みを設計できます。家族信託契約は、一般的には、公正証書により行います。

1　家族信託の仕組み

　家族信託では、財産（信託財産）の管理や処分を任せたいと考えている「委託者」が、信託財産から経済的な利益を受ける「受益者」のために、信託財産を管理・処分する権限を「受託者」に与えます。
　受益者には、委託者自身、委託者の配偶者や子、第三者などを設定します。
　受託者は、委託者の設定した「信託の目的」に従って、信託財産を管理・処分します。

■その他の信託当事者

　受益者代理人は、受益者が未成年の場合や判断能力が不十分な者の場合に、受益者のために権限を行使します。
　信託監督人は、家族信託の期間中に、受託者が適切に信託財産を管理・処分しているか監督します。未成年者や受託者は、信託監督人になることができません（信託法第137条（第124条準用））。法律の専門家が信託監督人に就任する場合もあります。
　帰属権利者は、家族信託が終了して、清算手続を行った後に残余財産が帰

属する者です。最終的な財産の帰属先を決めておきたい場合は、帰属権利者を設定します。

　二次、三次受託者は、当初の受託者が信託財産の管理を行えなくなった場合に、受託者の権利義務を引き継いで、信託財産の管理を行います。当初の受託者が亡くなったときなどに信託を継続したい場合は、二次、三次受託者を設定します。

　二次、三次受益者は、家族信託の期間中に当初の受益者が亡くなった場合に、受益者の権利義務を引き継ぎます。当初の受益者の後に信託から利益を受ける者を決めておきたい場合は、二次、三次受益者を設定します。

■信託監督人の業務

　信託監督人に就任した場合、家族信託継続中には、受託者から信託財産の管理状況について定期的に報告を受け、管理、処分、費用の支出などに問題がないことを確認します。

　また、家族信託の終了時には、受託者（清算受託者）による清算手続が適切に行われているか監督します。

　受託者にとって清算手続の負担が大きい場合は、受託者の代わりに清算受託者に就任し、清算手続を行う場合があります。

■信託できない財産

　家族信託では、信託できない財産があります。

　預貯金は、口座の譲渡が禁止されているため、そのままでは信託できません。預貯金を信託する場合は、いったん口座から出金したうえで受託者名義の信託専用口座に入金する必要があります。

　年金受給権は、委託者の一身専属権とされ、それ自体を信託することはできません。年金を信託する場合は、受け取った年金を信託専用口座に入金する必要があります。

　農地は、所有権の移転に農業委員会または都道府県知事の許可が必要となり（農地法第3条第1項）、原則として農地を信託することはできません（農地法第3条第2項第3号）。農地を信託する場合は、許可が得られたことを

条件に信託の効力が生じるようにする必要があります。
　また、都道府県知事の許可を受けて農地を宅地に転用する場合は、農地を信託することができます。
　債務を信託することはできません。ただし、受託者が債務引受をした場合は、債務を信託することができます。

■家族信託の検討
　家族信託の相談を受けたときは、次のような家族信託のメリットとデメリットを説明し、遺言の作成、生前贈与、任意後見などの仕組みと比較しながら、どの仕組みを利用すべきか検討します。

家族信託のメリット
① 信頼のおける人に財産管理を任せることができる。
② 信託財産の売却や投資など、任意後見制度と比べて柔軟に財産管理を行うことができる。
③ 信託財産の名義を形式上、受託者に変更することで、委託者の判断能力が低下しても、銀行口座の凍結などの影響を受けずに財産管理できる。
④ 不動産を受託者の単独名義にすることで、不動産を共有名義にした場合に発生する、共有者全員の同意が得られず不動産の売却や大規模修繕ができなくなる事態を避けられる。
⑤ 委託者が亡くなった後の信託財産の行方を決めることができる（遺言代用型信託）。また信託の内容によっては、遺産分割協議が不要となり、相続手続にかかる期間や費用を節約できる。
⑥ 二次、三次受益者を設定しておくことで、受益者より後の財産の行方を決めることができる（受益者連続型信託）。
⑦ 委託者が経営者の場合、後継者に経営権を託すことができ、事業承継を円滑に行うことができる。

家族信託のデメリット
① 信託の内容によっては、受託者の負担が大きくなる。

② 信託財産からの一定の収益がある場合、受託者は信託計算書などを税務署に提出する必要がある。
③ 家族信託そのものには、相続税対策としての効果はない。
④ 相続人による財産の処分を長期間にわたり制限すると、かえって相続人間の紛争を招くおそれがある。

2 家族信託契約

　家族信託契約を依頼されたときは、委託者の要望を聞き取り、どのような目的や方法で信託を行うかといった、信託の内容を十分に検討する必要があります。
　このとき、信託の内容をめぐって将来の紛争となることを防ぐため、委託者だけでなく、相続人など家族信託の当事者となる者とも十分に話し合い、信託への理解を求める必要があります。
　信託の内容を設計するときは、委託者が亡くなった後に配偶者が受益者になるなどの、通常想定される信託の経過だけでなく、委託者より先に受益者となる予定の配偶者が亡くなるなどの、例外的な経過も想定しておく必要があります。
　また、家族信託では、信託財産に限り、信託が終了した後の帰属先を決められるため、それ以外の財産の帰属先についても併せて検討して、相続人などに不満が生じないようにする必要があります。

■信託の内容の設計
　家族信託は自由に仕組みを設計できる分、信託を開始したときに、実際に信託がどのように機能するのか十分に注意する必要があります。
　ここでは、比較的単純な信託の例を説明します。

高齢者の生活支援・福祉を目的とした信託
　この信託では、委託者が、相続人などに財産管理を任せ、委託者や配偶者が生きている間、安定した生活を送れるようにします。

①　信託の目的　信託財産の管理、受益者の生活と福祉の確保
②　信託財産　金銭
③　受託者　委託者の子
④　受益者　委託者、委託者が亡くなった後は配偶者
⑤　帰属権利者　委託者の子
⑥　信託の期間　委託者および配偶者が亡くなるまで

　この信託が開始すると、受託者である委託者の子は、受益者である委託者の生前は委託者のために信託財産を管理し、生活費、医療費、介護費用などを支払います。子は、委託者の死後は二次受益者である委託者の配偶者のために財産の管理を継続します。これにより、委託者の生前だけでなく亡くなった後も、配偶者の生活や福祉が確保されるようにします。委託者と配偶者の両方が亡くなると信託が終了し、残余財産は帰属権利者である子に帰属します。

障害者の生活支援・福祉を目的とした信託

　この信託では、委託者が、障害のある子のために、親族などに財産管理を任せ、委託者が亡くなった後も子が安定した生活を送れるようにします。
①　信託の目的　信託財産の管理、受益者の生活と福祉の確保
②　信託財産　金銭
③　受託者　委託者の甥
④　受益者　委託者の子
⑤　帰属権利者　委託者の甥、甥が亡くなった後はその子
⑥　信託の期間　受益者が亡くなるまで

　この信託が開始すると、受託者である委託者の甥は、受益者である障害を抱えた委託者の子のために信託財産を管理し、生活費、医療費、介護費用などを支払います。これにより、委託者である親が亡くなった後も、障害のある子の生活や福祉が確保されるようにします。子が亡くなると信託が終了し、残余財産は帰属権利者である甥に、甥が亡くなった場合は甥の子に帰属します。

死後事務の委任を目的とした信託

　この信託では、委託者が、親族などに死後事務を任せるのと併せて財産の管理も任せ、財産を死後事務の費用に充ててもらいます。
① 信託の目的　信託財産の管理、死後事務の処理
② 信託財産　金銭
③ 受託者　委託者の姪
④ 受益者　委託者の兄弟姉妹
⑤ 帰属権利者　委託者の姪、姪が亡くなった後はその子
⑥ 信託の期間　委託者が亡くなってから七回忌の法要が終わるまで
　この信託が開始すると、受託者である委託者の姪は、受益者である委託者の高齢の兄弟姉妹のために信託財産を管理します。姪は、委託者が亡くなったときは、信託財産から葬儀、埋葬、供養などの費用を支払い、七回忌の法要が終わるまで財産の管理を継続します。これにより、高齢の兄弟姉妹に負担をかけずに供養を行うことができます。七回忌の法要が終わると信託が終了し、残余財産は帰属権利者である姪に、姪が亡くなった場合は姪の子に帰属します。

ペットの飼育を目的とした信託

　この信託では、委託者が、相続人などに財産管理を任せ、財産をペットの飼育費用に充てるとともに、委託者が亡くなった後は知人や事業者、保護団体などの信頼のおける飼育者にペットを飼育してもらいます。
① 信託の目的　信託財産の管理、ペットの飼育費用の支払い
② 信託財産　金銭、ペット
③ 受託者　委託者の子
④ 受益者　委託者、委託者が亡くなった後はペットの飼育者
⑤ 帰属権利者　ペットの飼育者
⑥ 信託の期間　ペットが亡くなるまで
　この信託が開始すると、受託者である委託者の子は、受益者である委託者の生前は委託者のために信託財産を管理し、ペットの飼育費用を支払います。子は、委託者の死後はペットを二次受益者であるペットの飼育者に引き渡し、

飼育者のために財産の管理を継続します。これにより、子がペットを飼育できない場合でも、飼育者に飼育してもらうことができます。ペットが亡くなると信託が終了し、残余財産は帰属権利者である飼育者に帰属します。

■意思能力の判断

　家族信託契約を行うには、委託者に意思能力があることが必要です。意思能力の有無を判断する場合は、遺言の作成の場合と同様、委託者に信託の内容を十分に理解できるだけの判断能力があるかを評価する必要があります（第2編第1章2「遺言者の意思能力」を参照）。
　委託者の判断能力が低下している場合は、信託の内容を単純なものにして、委託者が理解しやすいようにする必要があります。また、相続人が委託者の意思能力を争うことにならないよう、信託の内容について相続人に十分説明し、同意を得ておく必要があります。

■家族信託契約の流れ

　公正証書による家族信託契約は、次のような流れで行います。

公正証書案を作成する流れ

① どのように財産管理を任せるか、委託者の希望を確認します。
② 委託者と具体的な信託の内容を調整します。
③ 家族信託契約書の原案を作成します。
④ 委託者と契約書の原案の内容を調整します。
⑤ 公証人にメールなどで契約書の原案を示して契約の内容を説明します。
⑥ 公証人から変更すべき部分などの意見を聞き、契約の内容を調整します。
⑦ 公証人は調整した内容を基に公正証書案を作成します。
⑧ 公証役場と公正証書を作成する日時や場所を調整します。

公正証書を作成する当日の流れ

① 公証人は本人確認を行います。
② 公証人は委託者の意思能力や契約締結の意思を確認します。

③　公正証書の内容を確認します。
④　委託者、受託者、公証人は、公正証書に署名・押印します。
⑤　公正証書の正本を受け取り、手数料を支払います。

■公正証書の作成に必要となる書類
　公正証書を作成する当日は、次のような書類、委託者および受託者の実印が必要となります。また、事前に公証役場から示される手数料を委託者に用意してもらいます。
①　委託者および受託者の印鑑登録証明書　3か月以内に発行された証明書が必要です。
②　委託者および受託者の本人確認書類　顔写真付きの公的身分証明書が必要です。
③　信託財産に関する書類

■公正証書の作成にかかる手数料
　家族信託契約公正証書を作成する場合は、手数料がどの程度かかるのか説明する必要があります。
　家族信託契約公正証書の作成にかかる手数料は、信託の目的である財産の価額により決まります（公証人手数料令第9条、別表）。
　この他、収入印紙代として200円などがかかり、病床執務加算、日当、交通費などがかかる場合もあります（第2編第1章2（2）「公正証書遺言」を参照）。

■不動産を信託財産とする場合
　不動産を信託財産とする場合は、委託者から受託者に名義を変更するため、所有権移転登記を申請します。
　所有権移転登記手続が必要な場合は、司法書士に業務を引き継ぎます。
　家族信託のために所有権移転登記を行うと、登記の原因が信託によること、および所有権の移転先が受託者であることが記載されます。また、信託の内容を記載した信託目録が添付され、委託者、受益者、信託の目的などが分か

るようになっています。

　家族信託の説明を受けた方の中には、不動産の名義を変更することに不安を感じる方もいるため、このように通常の所有権移転登記とは異なることを説明します。

3　家族信託契約書の記載内容

■家族信託契約の内容

　家族信託契約の内容は、一般的に図表146のように記載します。

　「信託の目的」には、受託者がどのような目的で信託財産を管理するか記載します。受託者は、ここに記載された目的に従って活動することになります。

　「信託財産」は、別紙の「信託財産目録」に列挙します。

　「信託財産の追加」では、新たに信託財産とする財産が生じることを想定して、財産を追加信託できる旨を記載します。

　「受託者」では、二次、三次受託者を設定する場合、現在の受託者の任務が終了したときに指定した者が受託者に就任する旨を記載します。

　「受益者」では、二次、三次受益者を設定する場合、受益者の死亡したときに指定した者が受益者となる旨を記載します。

　預貯金を信託する場合は、「信託金銭の管理運用」で、信託専用口座で管理運用する旨を記載します。

　受託者が信託報酬を受け取る場合は、「信託報酬」で報酬額および毎年6月の末日など定められた日に信託財産から報酬を受け取る旨を記載します。

　二次、三次受益者を設定する場合、「信託の終了」では受益者、二次、三次受益者のいずれも死亡したときに信託が終了するようにします。

【図表146　家族信託契約の内容の記載例】

第1条（契約の趣旨）
　委託者（以下「甲」という）は、受託者（以下「乙」という）に対し、令和＊＊年＊＊月＊＊日、第2条記載の目的を達成するため、第3条記載の財産（以下「本件信託財産」という）を信託し、乙はこれを引き受ける（以

下「本件信託」という)。

第2条（信託の目的）
　本件信託は、乙が本件信託財産の管理または処分およびその他の信託の目的の達成のために必要な行為をすることにより、甲の安定した生活と福祉を確保することを目的とする。

第3条（信託財産）
　本件信託の信託財産は、（別紙）信託財産目録記載の不動産（以下「信託不動産」という）および金銭（以下「信託金銭」という）とする。

第4条（信託財産の追加）
　甲は、乙の同意を得て、本件信託財産に金銭を追加信託することができる。

第5条（委託者）
　本件信託の委託者は、甲とする。

第6条（受託者）
1　本件信託の受託者は、乙とし、乙の任務が終了した後は、次の者（以下「丙」という）が受託者に就任するものとする。
　住所　＊＊県＊＊市＊＊町＊＊丁目＊＊番＊＊号
　氏名　●●▲▲
2　丙は、乙の任務の終了により、本件信託の受託者としての権利義務を承継する。

第7条（受益者）
1　本件信託の受益者は、甲の生存中は甲とし、甲の死亡後は、次の者（以下「丁」という）とする。
　住所　＊＊県＊＊町＊＊丁目＊＊番＊＊号

氏名　〇〇△△
2　丁は、甲の死亡により、本件信託の委託者としての権利義務を承継する。
3　甲および丁は、本件信託の受益権を譲渡しまたは質入れすることはできない。

第8条（信託財産の引渡し）
1　甲は、乙に対し、本件信託開始日に、信託不動産について、所有権移転の登記および信託の登記手続を行うことにより引き渡すものとする。登記をするのに必要な費用は、甲が支払うものとする。
2　甲は、乙に対し、本件信託開始日に、信託金銭を引き渡すものとする。

第9条（信託不動産の管理運用）
1　乙は、信託不動産を、居住用不動産として、甲に使用させるものとする。
2　乙は、前項の目的を達成するため、信託不動産について、必要な保全、修繕または改良を行うものとする。

第10条（信託金銭の管理運用）
1　信託金銭は、信託期間中、以下の信託専用口座で管理運用するものとする。
　＊＊銀行＊＊支店　普通口座　口座番号＊＊＊＊＊＊　名義人　●●●●
2　乙は、信託不動産に関する公租公課の支払い、信託不動産の保全、修繕、改良その他信託事務の処理に必要な費用、甲の生活費、医療費その他本件信託の目的を達成するために必要な費用を、信託金銭から支出する。

第11条（善管注意義務）
　乙は、信託財産の管理、処分その他の信託事務について、善良な管理者の注意をもって処理するものとする。

第12条（信託事務処理の第三者への委託）
1　乙は、信託事務の処理を第三者に委託することができる。ただし、本

件信託の目的に照らして適切な者に委託しなければならない。
2 前項の規定により、信託事務の処理を第三者に委託したときは、乙は、当該第三者に対し、本件信託の目的の達成のために必要かつ適切な監督を行わなければならない。

第13条（信託費用の償還）
　乙は、甲から信託事務処理に係る費用の償還または前払いを受けることができる。

第14条（信託報酬）
　本件信託の信託報酬は、無報酬とする。

第15条（信託の計算等）
1 本件信託の計算期間は、毎年1月1日から同年12月31日までとし、計算期間の末日を計算期日とする。ただし、最初の計算期間は、信託開始日からその年の12月31日までとし、最終の計算期間は、直前の計算期日の翌日から信託終了日までとする。
2 乙は、前項の計算期日に信託の計算を行い、信託財産の状況に関する報告書および信託計算書を作成し、甲に提出しなければならない。

第16条（信託の変更）
　本件信託は、甲および乙の合意によって信託の変更をすることができる。

第17条（信託の終了）
　本件信託は、甲および丁が死亡したとき、終了するものとする。ただし、甲の死亡時に丁が死亡していたときは、甲の死亡したときまでとする。

第18条（信託修了時の帰属権利者）
　本件信託が終了したときは、残余の信託財産は乙に帰属させる。

第4編　実務の基礎知識

　第1編から第3編では相続や遺言その他生前対策業務の実務対応における必要知識、手続きの流れ、書類作成や各種証明書の取得方法までを解説してきました。これらの知識を使って、実際の顧客対応にあたっていくことになります。
　本編では、この顧客対応をするにあたり、注意すべき点や留意しておくことを解説します。実際にその実務の知識をアウトプットし、適正な報酬を得てこそプロといえますので、本編の内容もしっかりと精読して、顧客対応に当たっていただきたいと思います。

業務受任前の準備や心構え

■**依頼人になる方との最初の接点（電話やメール・紹介・相談会やセミナー）**

業務の受任にあたっては、その受任に至るまでのルートが異なります。ルート別に初動対応が異なりますので、それぞれ解説します。

① 電話やメール

業務受任までのルートで最も多いのが電話となります。事務所経営をしていると、役所のモニター広告を使ったり、地域誌に広告を依頼したり、また、多くの方がされるように、ホームページを制作して、そこから反響を得ようとしたりと、事務所の告知が不可欠になります。

相続関連業務は、いわゆるBtoC（企業対個人）のビジネスモデルですので、事務所サイドから一般のユーザー向けに広告を打っていくことは、事務所の経営上マストではないかと思います。

関連士業、金融機関や葬儀社、介護サービス業、不動産業などの、相続や生前対策にまつわる業務を行っている事業者からの紹介ルート（BtoBtoC）もありますが、どんなケースでも、いきなり依頼者の方との直接面談に結び付くケースは少ないです。

必ず電話対応やメール等でのコミュニケーションが間に挟まれることになります。

ここで不愛想や横柄な対応をしたり、メールでも丁寧さや親切さが足りなかったりすると、面談にさえ行きつかないことになります。私の事務所では、この電話対応やメール等での初動対応をある意味最も重視しています。いかに依頼人を適切に誘導案内して、高確率で面談に持ち込むかが大きなポイントとなります。

お客様に実務知識を適切に提供し、役に立ってこその実務家だといえますので、この電話対応を疎かにすることはできません。

電話やメールだけで依頼を誘致しない
　電話でもメールでも同じことがいえますが、この依頼人との最初の接点において重要なことは、電話やメールだけで依頼を誘致することを行ってはいけないということです。
　電話やメールを使ってアポを取って、実際に依頼人になりうる方とお会いし（オンラインでの面談でもよいですが、一番は実際にお会いすること）、お会いした際に詳しくお話を伺い、必要な法務知識やサービス内容・費用の説明をして、そこではじめて依頼を誘致します。
　要するに、電話やメールで相談対応をしてはいけないということです。
　親切心からつい電話で相談対応をしたり、メールを何度もラリーしたりする方がいますが、私たちは収益事業として業務をしています。慈善事業やボランティア感覚で業務対応される方は別として、しっかり依頼人から報酬を得て、自身がもつ実務知識をアウトプットして、社会の役に立つ感覚を持ち続ける必要があります。

電話やメールでは受付しかしない
　問い合わせしてくる方には、電話やメールですべて聞いて、自分ですべて済まそうとする方も一定数います。このような方を相手に親切心で対応していると必ず疲弊してきますので、電話やメールでは「受付しかしない」という気持ちで対応することが重要です。
　「受付だけする」とはどういうことかというと、相談の概要を把握して、事務所において対応できる事案なのか、関連士業の協力が必要なのかなどを把握するのに留めるということです。
　相談概要の把握には、相談内容がどんな業務なのか（相続なのか遺言なのかその他生前対策業務なのか）、その業務にでてくる親族や利害関係者の範囲はどうなっているのか、財産状況はどうなのか、どんな点に困っているのかなどの事案の概略を把握して、それ以上の詳細は電話やメール等では答え

ず、無料相談などで回答や対応をするようにします。
　あとは実際にお会いして、そこで丁寧にヒアリングを重ねて、信頼を得てから依頼に至るというのが通常の流れといえます。

② 紹介
　紹介も事務所の運営上、重要な依頼ルートになります。紹介者からの信頼を得て、紹介者からの電話をもらったり、紹介者と同席の上、依頼人と面談して受任になったりと、いろいろなパターンがあります。
　紹介者から顧客を紹介された場合、紹介者にできるだけ負担や面倒なことをさせないように配慮する必要があります。例えば、紹介者から顧客になりうる方の紹介を受けた場合に、相手から承諾を得て顧客の情報をもらい、こちらから電話をかけたり（紹介者から電話をさせない）、メールをしたりと、紹介者の手を極力煩わせないようにします。
　紹介者が顧客と継続して接点を持ちたいケースもあるので、紹介者に面談に同席したい意向があれば、もちろん紹介者の意向に沿って同席してもらうことも必要です。
　紹介での受任では、紹介者の顔を絶対に潰さないために最大限の配慮が必要になります。
　紹介を得て受任した場合は、適度な進捗報告を依頼人だけではなく紹介者に対しても行い、紹介者との良好な信頼関係の維持に努めるようにします。
　そうはいっても、業務が多くなってくると、忙しさで報告が疎かになることもよくあります。最低でも業務完了時は、依頼人だけではなく、紹介者への報告もしっかり行うようにしましょう。

③ 相談会やセミナー
　依頼人になりうる方との最初の接点の一つとして、事務所や他の事業者と共同で開催する相談会やセミナーがあります。
　相談会には、通りすがりの方向けの相談会（ショッピングモールや人が多く行き来する公共施設などでの開催）、ある会場を借りて、その会場周辺の方にチラシ等を撒いて集客する相談会、過去の顧客リストや他の事業者が持

つ顧客リストを使って、SNSやダイレクトメールを使用して集客する相談会など、相談会の集客方法も多様です。

ここでも電話やメールでの相談会・セミナー申込受付には、①で述べたような配慮は当然に必要になります。受付段階での不手際が、相談会やセミナーのキャンセルにつながるようなことになってはもったいないです。

他の事業者との共同開催の相談会・セミナーでは、②で述べたような紹介者に対する配慮も意識して、決して自己のためだけに開催するわけでなく、共同開催者の集客支援も行う意識で臨むことが必要だと思います。

なお、この相談会やセミナーでも、その場で受任に持ち込むような誘致はせずに、改めてゆっくりとご相談を受けるような心構えをもっておくことが重要です。この相談会やセミナーからいきなり依頼になるようなことは少なく、情報収集中の方が多いというのが、相談会やセミナーの特徴といえます。

仮にすぐに依頼したい方がいたとしても、相談会場やセミナー会場では他の方の目もありますし、プライバシーへの配慮も必要になります。会場では概略の把握のみに焦点を当てて、詳しくは事務所内もしくは顧客が希望する場所で、別途相談を受けるようにした方が受任しやすくなります。

相談会やセミナーではじめて接点をもった場合は、最低でもお名前や住所、電話番号、メールアドレスの情報はもらうようにしましょう。将来の見込み顧客となりうる方ですので、定期的に有益な情報を発信して、事務所のことを忘れられないように育てていく感覚をもってフォローを継続します。

■面談前に準備すべきもの（相談票・面談時シート・委任契約書・委任状など）

面談にあたり準備すべきものも複数あります。面談時に準備ができていないばっかりにスムースな対応ができず、受任を逃すということがあってはなりません。しっかりと準備をしていきましょう。

① 相談票の準備

面談にいらっしゃる相談者の方の多くが、不安や緊張感をもちながら事務所に来られます。どんな方が面談をしてくれるのか、費用はどれくらいかか

るのか、変に営業されることはないのかなど、面談担当者が考える以上に、相談者はあらゆるところを見ています。

　相談者にも心構えというものがあり、面談にあたっても、いきなり相談をはじめないように少し落ち着く時間を与える工夫をするとよいでしょう。

　ここで重要なツールが「相談票」です（図表147）。事務所で相談票を準備して、相談者の氏名、住所、電話番号等の基本情報と、どんな相談をしたいかの概略を書いてもらうようします。この相談票を相談者に書いてもらうことにより、相談者は不安な気持ちを整理できます。また、相談票は、面談者が相談前に問題点を理解するのに役立ちます。

　警戒心があり、個人情報を出したくない方も一定数いますので、書ける範囲での記入をお願いするようにするとよいでしょう。ここでしっかりと書いてくる方は、依頼する確率が高い方です。他方、ほとんど書いてくれない方は、いかにこの面談で信頼関係を構築できるかがポイントになります。

　ほとんど書いてくれない場合でも、決して諦めず、相談者に向き合って相談対応することが重要です。

　この相談票には、被相続人の欄がありますが、法律の知識がある方なら「被相続人」が亡くなった方を意味していることをすぐに判断できますが、多くの方はその意味を理解していないこともあります。このように、細かいところにも最大限の配慮をして、実際の面談の際にも中学生でもわかるような言葉を使用するなど、専門用語の多用は避けるようにしましょう。

　相談票は記入箇所が多いので、面談開始前に「何かお持ちの資料があれば、そちらの情報を提供いただければ、ご記入を省略しても構いません。」という配慮もあったほうがよいです。また、細かいことですが、記入の際にしっかりとバインダーに挟んで下敷きをつくり、書きやすく、手が疲れないような配慮をするのも、おもてなしの1つといえます。

　最後に、相談票の一番下にある、事務所までどのような交通手段で何分くらいで来たか、また、事務所を何で知ったかということもできるだけ書いてもらうようにしましょう。どのような属性の方が相談される傾向にあるのかを知っておくと、以後のマーケティングなどでも有効にその情報を活用できます。どのような検索ワードを使ったかもまた重要な情報になります。

【図表147　相談票の例】

相談票　（相続）					
			ご記入日　令和　　年　　月　　日		
相談者氏名	ふりがな		生年月日		年　　月　　日
		（旧姓）	年齢		歳
続柄	（被相続人から見て）配偶者・子・養子・父・母・祖母・祖父・兄・弟・姉・妹				
住所	（〒　　－　　）				
本籍	（〒　　－　　）				
携帯電話	－　　　－		携帯✉		
自宅電話	－　　　－		PC✉		
FAX	－　　　－		連絡手段	自宅電話・携帯電話・FAX　メール・郵便・ご来所・その他	
勤務先	会社員・自営業・公務員　パート・無職・その他	会社名		職務内容	
被相続人氏名	ふりがな		生年月日		年　　月　　日
		（旧姓）	年齢		歳
死亡日	H　R　　年　　月　　日	遺言の有・無		生前の離婚経験の有・無	
住所	（〒　　－　　）				
本籍	（〒　　－　　）				
勤務先	会社員・自営業・公務員　パート・無職・その他	会社名		職務内容	
相続財産	【わかっている範囲で☑及び記載をお願いします。名義変更済でも記載して下さい。】 □不動産　（土地＿＿＿筆・建物＿＿＿棟・マンション＿＿＿棟） □預貯金 □有価証券　（各証券会社名＿＿＿＿＿＿＿＿＿＿＿＿＿＿＿＿＿＿＿＿） □退職金　（金＿＿＿＿＿＿＿＿円）□現金（＿＿＿＿＿＿＿＿＿＿円） □生命・損害保険　（各保険会社名＿＿＿＿＿＿＿＿＿＿＿＿＿＿＿＿） □自動車（車両名＿＿＿＿＿＿＿＿年式＿＿＿＿＿＿＿年） □貸付金（合計金＿＿＿＿＿＿＿＿円） □遺族年金　　□ゴルフ会員権　　□電気　　□ガス　　□水道　　□携帯電話 □借入金　（合計金＿＿＿＿＿＿＿＿円） □保証債務　（合計金＿＿＿＿＿＿＿＿円．主債務者＿＿＿＿＿＿＿＿） □預り金・保証金　（金＿＿＿＿＿＿＿＿円）□葬式費用（総額金＿＿＿＿＿＿＿＿円）				
他の相続人の氏名：		住所：		続柄：	
他の相続人の氏名：		住所：		続柄：	
他の相続人の氏名：		住所：		続柄：	
他の相続人の氏名：		住所：		続柄：	
当方までの交通手段	地下鉄・バス・自動車・その他　　所要時間：				
検索方法	PC（Yahoo・Google）・携帯・SNS（YouTube・Instagram・Twitter） 葬儀社のチラシ・パンフレット（資料請求・DM）・その他（　　　　　　）				

② 面談時シート

　面談時シートというのは、筆者が名付けたもので正式な名称はありません。事件簿と言ってもよいかもしれませんし、ノートと言ってもよいでしょう。筆者の事務所では必ず用意するツールとなっています（図表148）。

　面談時シートには、人に関する情報（相続ならば相続人の範囲、遺言などの生前対策業務ならば生前対策を行う者とその者の利害関係者の範囲）、財産に関する情報（相続ならば相続財産の内訳とその評価額など、遺言など生前対策業務ならば遺言者や家族信託の委託者の財産内訳）、相談の困り事、解決に向けた方向性、手続きの流れについて、面談時に手書きで整理するシートとなっています。

　このシートは、面談後に自社と顧客の双方が控えを持つことにより、情報の要点整理に大変に役立ちます。

　当社では、面談は必ず二人体制を敷いていますが、面談対応者が1名の場合は、面談者が話を聞きながらメモをし、二人体制を敷けるのであれば、同席者の方にメモを取ってもらうとよいでしょう。

　事務所を組織的に運営するようになると、依頼人の相談概要やお困りごと、業務処理すべき事項を、このような1枚のシートにより誰がいつ見てもすぐに確認できるような体制にしておく必要があります。そのような場面では、この面談時シートは大きな役割を果たします。

　面談時に60分や90分かけて、いろいろなお話を聞いていくことになりますが、業務完了まで長い時間がかかるので、どうしても面談時に相談者が言っていたことは忘れてしまいます。ここで、この面談時シートの中に絶対に忘れてはいけない事項や注意すべき事項を蛍光ペンで見やすく記しておけば、相談者側にもポイントになる箇所や注意点などを改めて喚起させることができます。双方がポイントを把握して、受任後の説明不足によるトラブルを回避するためにも有効に使えるシートにしておくとよいと思います。

　ここに掲載したシートのつくり方はあくまで一例ですので、ご自身の業務に合わせて、うまくカスタマイズして使っていただくことをおすすめします。余裕があれば、相続、遺言、生前対策の業務別にシートをつくるようにしましょう。

第4編　実務の基礎知識

【図表148　面談時シートの例】

遺産相続手続概要	（ 　　　　様）	年　月　日

・相続関係説明図

・相続財産の状況

土地	筆	評価額
建物	棟	評価額
預金	件	概算額
株・証券	件	銘柄数	概算額
生保
債権
その他

相続人の人数：　　名

相続財産の合計：

・お困りごと、解決したいこと

・遺産分割の方針とご用意いただく書類

・相続手続きの流れ

遺産相続に関する想定時間　：
相続完了までの想定期間　：

免責事項：今回、ご提案させて頂いた内容は、ご相談者様からご提供いただいた情報をもとに無料相談の範囲で検討させていただいたものになります。ご提供いただいていない情報や不明の事実の判明、その他の事情により、有効な手続方針ではなくなる可能性があることをご了承ください。

行政書士法人ドラゴンオフィス

住所：札幌市中央区大通西11丁目4番地
　　　登記センタービル3階

電話：0120－1717－79　　事務担当：

273

③　見積書・委任契約書・委任状・確認書

　面談を行った後、その場で依頼になるケースと、一旦持ち帰り依頼を検討するケースの2パターンがあります。

見積書

　すぐに依頼したい方に対しては、ここで少しお待ちいただき、その日のうちに見積書（図表149）を作成して提示したほうが依頼の確率が高まります。

　契約を急かす訳ではありませんが、またの機会を設けて費用を提示するのは、相談者にとっては少し面倒ですし、他の事務所に依頼されることも出てきます。せっかく依頼をいただけそうなのに、こうした準備不足から依頼の失注につながるのです。当社では、相談の当日に5〜10分内に見積書を作成し、相談の最後に費用を提示することを徹底しています。

　想定される事件に使える見積書の雛形を、面談前にしっかりと用意しておき、すみやかに見積りをして、その場で依頼をされる方にも対応できるようにしておきましょう。

　なお、行政書士だけでは対応できない事件も多くありますので、その場合は関連士業の見積りは、別途交付することを説明すればよいと思います。業務に慣れてくると、関連士業事務所の費用もある程度、概算ベースで算出できるようになりますので、概算の算出もしてあげるとよりよいと思います。

委任契約書・委任状

　依頼前には、もちろん委任契約書（図表150）や委任状の準備もしておきます。後でそれらの書類を送りますという対応方法ではなく、その場で定型の書類を用意して、署名捺印をいただくようにします。

　契約内容もしっかりと面前で説明するほうがよいですし、依頼人にとってもその方が負担も少ないと思います。

　その場でサインができない場合でも、たとえば返信用の封筒を用意するなどして、一旦自宅に帰ってからスムースに委任契約書や委任状の返送ができるように配慮するとよいでしょう。こういう細かいところも気を配って対応することにより信頼を得ることができます。

【図表149　見積書の例】

見　積　書

○○　○○　様
下記のとおりお見積り致します。

令和**年**月**日

北海道行政書士会会員
〒060-0042　札幌市中央区大通西11丁目4番地
行政書士法人ドラゴンオフィス　●●　●●
電話　011-213-0901　FAX　011-213-0902

区分	種　別	報　酬	備考
手続の代理代行・証明書交付手数料・調査料・日当旅費等	相続手続フルセットプラン	¥0	不動産評価1000万円未満
	内訳		
	不動産の相続手続き代行		登記件数1件
	不動産の調査手続き代行		
	相続戸籍収集の代行		相続人3名
	遺産分割協議書作成・相続関係説明図作成		
	小　計	①　　　¥0	
その他費用	各種証明書料	確定後別途（取得部数分）	※司法書士報酬は、正式なお見積り後に変動することがあります。
	郵便料	確定後別途（使用分）	
	司法書士相続登記報酬	確定後別途（約4万5千円+税）	
	登録免許税	別途（不動産評価額の0.4%）	
	小　計	②　　　確定後別途	
	合　計　①+②	③　　　¥0	
	消費税　①×10／100	④　　　¥0	
	差引報酬合計　③+④	¥0	

備考
［振込先］
○○銀行　本店営業部
普通　口座番号　*******　口座名義人　●●●●

【図表150　委任契約書の例】

相続手続（遺産整理）代行委任契約書

　　　委任者（甲）　氏名　_____
　　　受任者（乙）　　　行政書士法人ドラゴンオフィス　●●　●●
　　　委任事務の表示　　　別紙お見積書のとおり

（業務の委任及び受任）
第1条　甲は乙に対して、相続手続の代行（書類作成、各種証明書取得代理・代行、役所に対する申請行為等、相続手続の一切）を委任し、乙はこれを受任する。本件事務の処理に関連して本件事務以外の手続きが必要となったときは別途甲乙協議して決定する。

（受任業務の誠実履行）
第2条　乙は甲から依頼された本件事務を、委任契約及び行政書士法の本旨に従い、誠実に履行することを約す。

（受任業務の処理）
第3条　乙は適宜乙の事務所の行政書士及び補助者に、本件事務を処理又は補助させ、甲の承諾を得て他の事務所の行政書士、弁護士、公認会計士、税理士、司法書士、土地家屋調査士、社会保険労務士等に、関連する業務を処理又は補助させることができる。

（委任者の責務）
第4条　甲は乙に対して、業務の処理に必要となる資料を提供し、業務の処理に関し積極的かつ全面的に乙に協力するものとする。

（委任報酬・必要経費の取扱）
第5条　甲は乙に対し、本件委任事務報酬を乙の業務着手時に支払う。報酬以外のその他の費用は、乙から請求があった時点もしくは乙の業務完了後（完了物の交付後）1週間以内に支払うこととする。

（契約の解除）
第6条　甲及び乙は、相手方がこの契約に違反したとき、又は著しい背信行為をしたときは、いつでもこの契約を解除することができる。この契約が解除されたときは、甲及び乙は遅滞なく債権債務を清算し、契約の終了に伴う必要な措置を講ずるものとする。

手続確認書

　当社ではさらに、重要事項説明書のような「手続確認書」（図表151）なるものも用意しています。この「手続確認書」には、手続完了時期の目安、委任者受任者双方の連絡手段とその頻度、費用の支払方法と時期、手続き上の注意点、紛争が生じた場合の処理方法、用意していただく書類の説明、面談担当者のサインと依頼人の方がその説明を受けたことの証明としてのサインが内容となっています。

　もしも委任契約書だけではトラブルが生じそうな場合は、この「手続確認書」のような確認書まで交わしておくと、委任契約のトラブルを最小限に抑えることができます。

　私たちの仕事は、顧客と長い時間をかけて共同作業を行う性質があるため、委任契約にあたってはしっかりと説明をして、顧客が安心できるように準備をする必要があります。

　自宅訪問のように事務所外で面談対応をする場合でも、最低限の書類を事前に準備して出向き、できるだけ早く書面を交付して、速やかに対応することも必要になってきます。筆者は、ノートパソコンとポケットWiFiを持ち込み、書類のプリントは近くのコンビニで印刷して、顧客を待たせない工夫をしています。

　手続確認書は、面談時シートと同様に相続、遺言、生前対策の業務別に異なるものを用意するのが望ましいです。筆者の事務所でも業務別に説明すべき事項をまとめて、依頼を受けたら、必ずこの手続確認書を依頼人の前で声に出して読んで丁寧に説明するようにしています。

　依頼人の方は、このような依頼をすることが人生で初めてという方のほうが圧倒的に多く、委任契約についても何となくの理解で依頼されることが多いです。

　特に依頼を受けてから業務完了までにかかる時間は、より丁寧に説明することをおすすめします。相続の業務においては、手続が数か月に及ぶため、最初の段階でしっかり説明をしておかないと、「時間がかかりすぎだ」とか「依頼した業務を放置している」、「ないがしろにされた」などのクレームに繋がることも多いため、概ねの完了日数を書面で説明すべきです。

第1章 業務受任前の準備や心構え

【図表151 手続確認書の例】

相続手続確認書

被相続人・　　　　　　　　　　　様

お手続完了予定時期
　　令和　　年　　月　頃
※完了予定時期はあくまでも目安です。
様々な事情により予定より大幅に遅くなるケースもあることをご了承願います。

相続財産総額
　約　　　　　万円

【相続税申告について】
□必要（期限：令和　　年　　月　　日まで）
※期日までに申告と納付が必要になります。
□不要

ご連絡先 連絡方法 やりとりについて	□資料や情報提供のご協力を宜しくお願いします。 □連絡のつきやすいお電話番号をお知らせください。 または、ライン登録のご協力を宜しくお願い致します。 □進捗状況の報告方法についてご確認下さい。 （1ヵ月に1回・気になった時にお客様からご連絡を頂く・いらない ・確認事項がある時にご報告する） ※進捗状況のご報告はお客様のご希望通りご報告出来ない場合があることをご了承願います。
報酬について	□報酬のご入金確認後にお手続に着手させて頂きます。 □初回にご入金して頂く報酬以外に、実費費用・その他お手続費用 　（司法書士報酬・税理士報酬等）がかかります。 　お手続完了後若しくは都度ご請求させて頂きます。

【登記手続（不動産の名義変更）がある場合】
□登記手続のタイミングで司法書士より
　ご本人確認のお電話がいきます。
□名義変更する方の本人確認資料の写しの
　ご提供をお願い致します。
□場合によっては納税通知書・権利書の原本の
　ご準備をして頂く可能性がございます。

【その他注意事項】
□遺産分割方法について紛争が生じた場合は
　お手続が中断となります。
※その場合は別途協議を行い今後のお手続の流れ
　について決めさせて頂きます。（ご費用精算など）

【相続税申告がある場合】
□相続人全員のマイナンバーカード（若しくは
　通知書）が必要になります。
□葬儀費用等の領収書のご準備を宜しく
　お願いします。
□相続人の中に障害者手帳をお持ちの方が
　いないかご確認下さい。
□被相続人の手元現金の金額をご確認下さい。
□相続財産の中にメガバンクがある場合
　（みずほ銀行や三菱UFJ銀行等）
　取引明細書が高額になります。
　ご通帳がお手元にある場合はご準備の程、
　宜しくお願いします。（約5年分）

上記の内容を確認しました。
　　　　　　　　　年　　月　　日
　　札幌市中央区大通西11丁目4番地
　　　　登記センタービル3階
　　　行政書士法人ドラゴンオフィス
　　　　　　担当：

相続手続の流れについて上記の説明を受けました。
　　　　　　　　　年　　月　　日
住所

氏名

第4編　実務の基礎知識

 面談対応の基礎

■面談時の注意事項やテクニック

　あらゆる施策を打ち、電話などで反響を得て、見積書や契約書などの事前の準備までして、あとは実際に依頼者になりうる方と面談をして依頼されるというのが一連の流れになります。

　どれも重要な工程で、そのどれも手を抜くことはできません。依頼人との信頼関係ができて、ようやく依頼を受けることができます。

　ここでは面談時における注意点や面談時の受任確率を上げるテクニックについて解説したいと思います。

① 　面談時の雰囲気づくり

　先にも触れましたが、相談者は私たちが思っている以上に不安感や緊張感をもって事務所に来られます。自宅を訪問する場合も、もちろん警戒心があることでしょう。

　まず、事務所に来られたときは当たり前ですが、おもてなしの気持ちをもって挨拶をします。当社では、「いらっしゃいませ」と適度に笑顔を作って、歓迎ムードで挨拶をします。もちろん、相続などの相談では、人が亡くなってすぐに相談にいらっしゃる方もいますので、そのあたりの心情にも配慮する必要があります。

　面談デスクへの案内と相談票の記入の案内、お茶出しなども丁寧に対応します。これから相談を行う心構えを、事務所側が相談者に向き合って準備しておくのです。

　雰囲気づくりには、その他に事務所内の整理整頓や清掃（清潔感を保つ）、観葉植物を置く、お待ちいただく際に見ていただくパンフレットの準備、相

279

談時に業務内容を説明するためのパソコン、モニターやウェブページの準備など、可能な範囲でできることをすべてやっておくのがよいと思います。

　自宅兼事務所であっても、プライベートなものを極力排除して、事務所を面談しやすい雰囲気にしておくことが重要だと思います。

② **面談のスタート**

　相談票の記入後に、相談票の内容をしっかりと確認して、どんな相談をされるかある程度予測してから相談に臨みます。相談票は同席者がいれば、コピーを取り、2人が共有できるようにします。相談では、この相談票を参考にヒアリングをしていきます。

　面談の最初の段階では、お越しになった交通手段や今日の天気など、アイスブレークを入れて、緊張感の緩和に努めることも重要です。相談者はまだ心を閉ざしたままかと思いますので、いきなり相談に入らないように配慮します。

　また、相談無料というのが主流となっていますが、相談無料の場合は、どこまで無料なのか、時間は何分まで無料なのかなどにも触れるとよいでしょう（有料の場合は、しっかりと時間を計って、料金の説明も当然しましょう）。

　簡単な自己紹介をして、相談者の心を少しでも開くような配慮もするとよいと思います。相談者は、もし面談者と何らかの共通点があると、親近感が湧き、その後の話がしやすくなることがあります。

　基本的には、最初の挨拶の際に名刺を渡すことになりますが、この名刺やパンフレット等のツールに面談者のプロフィールがあると、共通点があった場合にこれをネタに話が弾むこともあります。こういう細かい点にも気を配って面談をスタートしましょう。

主導権は常に面談側が持つ

　面談時は、先に述べた面談時シートに要点を書きこんでいきます。この時の注意点は、面談で聞くべき要点に絞って、面談担当者が主導権を握って質問をしていくことです。基本的には、相談者が多く話すことになりますが、どんなことを話してもらうかの主導権は、常に面談側が持っておくことです。

相談者主導で話がはじまると、一問一答形式になりがちで相談の要点がまとまっていきません。ヒアリングの内容は必ず面談側がグリップを握り、丁寧に相談者の困りごとを特定することが重要です。

なお、相談者がメモなどの参考資料を持参することもあり、相談概要がまとまっていれば、そのメモも利用させていただくようにします。

メモ以外の参考資料は、面談の途中で面談担当者から都度声がけして、参考資料を持参しているか確認を取り、もし持参していればそれを見せていただくようにするとよいでしょう。

資料がない場合でも、改めて見せていただくように、資料提供の協力を持ちかけていきます。

なお、その面談日には依頼にならないような場合に、その日に無かった資料を別日で見せてもらうような口実をつくると、次回の面談の約束ができたりするので、受任率をあげるテクニックとして、これを利用してもよいでしょう。

人は接触回数が多いほうが、相手のことを信頼するのが心理というものですので、あえて次の宿題を出して帰っていただくのもありだと思います。依頼になるまでに3回ほど無料相談でお会いして、ようやく依頼ということも結構あります。

③ 面談の最後に依頼をクロージングする
面談を完了する

面談はスタートさせてから、おおむね60分から90分程度で完了するのが理想です。面談時間を30分や60分以内で完結させるのは、ヒアリングが足りていない証拠です。相手との信頼関係を構築するにも、30分程度では全く足りていません。

例外的に、初めから依頼のつもりで来た相談者に対しては、余計な話をして会話が長引くのはかえってよくないこともありますが、ほとんどの相談者は、しっかりと話を聞いてもらってから依頼をするかどうかの判断をすることになります。

面談時シートに沿って、面談で相談内容や困り事を特定し、概要や要点整

理ができてはじめて最後のクロージングをすることになります。

　面談の初めでいきなり報酬の話をするべきではありません。途中で報酬の話になったとしても、まずは、概要把握をしてはじめて報酬の設定が可能であることを相談者に説明して、理解を求める必要があります。

費用の内訳を説明する

　報酬やサービス内容については、事務所ごとに報酬体系やサービス内容が違うと思います。報酬については、インターネット等で近隣の競合事務所の相場感を事前に見ておくなどして、価格設定することが多いと思います。

　面談の最後のクロージングの場面では、できるだけその面談時に見積書を提示して、費用の内訳の説明、加算報酬がある場合の理由などについても丁寧に説明すべきです。

　決して、後から郵送で見積書を送るので、それを見て判断してください、などとはしないようにしましょう。

　その場合は、基本的に費用の説明が不足しますし、相談者に金額の数字だけで判断されてしまいます。また、仮に説明書を別途添付しても、相談者は理解ができないこともあり、それらの説明書をしっかり読んでくれないと思ったほうがよいです。

　クロージングする際は、面談者も相談者も緊張が走る瞬間ですが、適正な報酬を示して、責任をもって相談者のお役に立ちますと誠実にお伝えすることにより、依頼される確率（受任率）を高めることができます。

業務進行に備える

　依頼の申し込みがあれば、面談の最後に、できるだけその場で委任契約書や委任状をもらい、依頼人が持参した参考資料のコピーを取ったり、必要書類リストをその場で用意したりして、スムースな業務進行ができるような作業を合わせて行います。

　その後に何度も事務所に来てもらうのは依頼人の負担になることから、その日のうちにできることを、できるだけまとめてするのがおすすめです。

　先に触れたように、返信用封筒の準備も前もってしておきましょう。

業務執行中の対応

■業務受任段階から業務完了までは依頼人と誠実に向き合う

　正式な業務の受任があった場合は、その時点から業務の完了までの間に、数か月、場合によっては年単位で依頼人と向き合って業務を遂行していくことになります。

　相続業務においては通常2～6か月程度、遺言作成業務においては1～2か月程度、その他の生前対策業務においても、通常は数か月に及ぶ時間をかけて対応することになります。

　このように長い時間をかけて対応していくことになるため、次のようなことに留意して、業務を遂行していくとよいでしょう。

① 適度な進捗の報告を行う

　長い時間をかけた業務処理となることから、依頼人にとって、目に見えない業務の進み具合について気にかかることが多くなります。先に述べた確認書で、業務完了時期の目安について依頼の段階で触れておくことは当然に必要ですが、適度な間隔で依頼人に対して業務の進捗状況を報告するようにしましょう。

　この進捗状況の報告は、依頼人によってどの程度が適切なのかが異なりますので、依頼の段階でどれくらいの頻度・間隔で報告がほしいか確認しておくのがよいと思います。筆者の経験では、相続業務においては通常は1か月程度の間隔で報告するのがベストだと考えています。

　この進捗報告時期の管理は、対応する案件が増えてきたときはとても大変になりますが、カレンダーのリマインダー機能を使って定期的にアラートをかけるような工夫をしたり、事務所に顧客管理担当の職員を配置したりする

などして、業務受任後の顧客管理もしっかりと行っていく必要があります。

どうしても進捗報告の管理が難しい場合は、依頼人の承諾を得て、事務所側からは業務の段階ごとに連絡すると伝えておいたり、依頼人のほうから進捗が気になった都度、事務所側に連絡してもらったりするというやり方でもよいと思います。業務の進行をしっかりと計り、適時に進捗報告をしていくことで依頼人との信頼関係がさらに深まることになります。

なお、進捗報告と並行して、相続税などの期限のある手続きに関与する場合は、その期限管理もしっかりと行うようにしましょう。

遺言業務においては、遺言者の体調がすぐれない場合などは、急いで対応する必要もあるため、状況に応じて適切な管理を心がけるようにしましょう。

②　常に依頼人に寄り添う姿勢を保つ

依頼人が事務所側に依頼をした理由は様々ですが、何らかの困り事があって依頼したということは、ほぼ共通していると思います。相続や遺言などは、人生のうちに一度も経験をしたことがない方も多く、不安な気持ちをもっていることが多いことから、事務所側の対応としては、依頼人に寄り添う姿勢を常にもっておくことが重要になります。

依頼の時点から業務完了までの間に、当初想定もしていなかったことが起こったりすることもありますが、そのようなときは、実際に依頼人に連絡をしたり、面談を重ねたりするなどが有効な対応方法といえます。

依頼人から事務所側に電話連絡などをしてもいつも不在であるとか、その折り返し対応が遅かったりすると、依頼人はどんどん事務所側への不信感を募らせていきます。これまでにせっかく築いてきた信頼関係が、あっという間に崩れて、依頼の途中で解任されたり、着手金の返金を余儀なくされたりするケースも出てくるでしょう。

筆者はとにかく依頼人と最後まで真摯に向き合い、事務所側にとって不都合なことが起きても決してそこから逃げず、依頼人に対して誠実に対応するということを意識しています。

多くの案件を処理していくと、依頼人からのクレーム対応も必ず生じてきます。ここで誤った対応をすると、事務所の運営上、取り返しのつかない事

態に発展するリスクもあるため、依頼人に常に寄り添って業務遂行をしていくようにしましょう。

③ 隣接士業同士の連携、士業以外の事業者の紹介なども対応

相続業務や家族信託の業務などでは、行政書士以外の隣接士業事務所との連携が必要になることが多いです。登記業務は司法書士や土地家屋調査士との、紛議のある事件は弁護士との、相続税などの税務関係は税理士との連携が必要になります。これらの業務を遂行していく前に、できれば事務所側と相性のよい隣接士業事務所との提携関係をつくっておくとよいでしょう。

筆者の事務所では、特に依頼人に対して寄り添う姿勢のある隣接士業事務所に絞って、提携関係を構築しています。

依頼人や紹介する側の事務所に対して上から目線な対応をする、横柄な態度を取る、密な連絡を取れない事務所とは、決して提携してはいけません。

事務所側にも前提として紹介者責任というものがあるため、依頼人とトラブルを起こしそうな他士業事務所と組むことは、自分の首を絞めることになります。

まだ提携先がないのならば、提携を考えている事務所の責任者と、できるだけ数回でもコミュニケーションを重ねて、問題がないかどうかを見極めていくとよいと思います。

次に、士業以外の関連事業者との連携も検討していくとよいでしょう。相続業務においては、葬儀社、仏壇仏具店、墓石取扱事業者、遺品整理業者、不動産業者、自動車販売店など、生前対策業務においては、ファイナンシャルプランナーや保険代理店、介護事業者、病院のソーシャルワーカー、地元の包括支援センター、施設紹介業者などです。

筆者の事務所では、これらの事業者と提携関係を構築して、依頼人からのあらゆるニーズにワンストップで対応できるようにしています。

相続遺言や生前対策業務は、自分の事務所だけで全ての対応をすることはできないので、隣接士業および関連事業者との関係性をしっかりと築き、依頼人にとって、あなたの事務所に頼めば一挙に諸々の問題を解決できる、ということをアピールすることで、選ばれる事務所になることができます。

第4章 業務完了後の対応

■業務完了後も依頼人のアフターフォローを忘れない

　長い時間をかけて依頼人と向き合うことで信頼を獲得し、ようやく業務が完了し、ホッとしたいところではありますが、業務完了後も留意すべき事項があります。この章では、業務完了後の顧客対応について解説をします。

① 書類の納品と完了報告・追加提案

　相続等の業務処理を完了すると、依頼人から預かった書類や事務所において作成した書類、収集した証明書などをきちんと整理して、最終的に依頼人に引き渡すことになります。

　このときも、最終報告を兼ねて、可能な限り依頼人に実際にお会いして、書類や事件処理の経緯を説明すべきです。どんな書類をいつ返却して、いつ受け取ったかの記録も残しておくことで、受け取っていないというトラブルの回避も可能になります。依頼人が比較的時間に余裕がありフットワークの軽い方なら、郵送で各種書類の納品をしないで、お会いすることをオススメします。

　この最終報告の段階で依頼人の満足度が高い場合は、事務所の営業戦略上、二次相続のお話をしたり、紛争予防の提案（遺言作成やその他の生前対策業務）をしたりすると、追加の依頼をいただけたりすることもよくあります。

　また、この業務完了段階でも、不動産の処分や遺品整理、墓じまい、相続税対策や遺留分対策などに利用できる保険契約などを提案する機会があります。自社の利益ばかりではなく、依頼人や提携先の役にも立つ意識をもってアフターフォローをすると、結果的に事務所の経営を楽にできたりしますので、業務完了時にはこれらの意識をもって対応すべきといえます。

② 事務所のニュースレター、メルマガなどで関係性を継続する

　業務を完了すると、依頼人との関係は一旦、そこで切れてしまうケースが多いのですが、一度依頼してくれた依頼人は満足度が高ければ、また違う形で依頼をしてくれる（リピート）可能性のある方だといえます。

　一顧客について、長い目で事務所としてのお付き合いの仕方を考えていくことが重要です。いわゆる、ライフタイムバリューを意識した顧客対応です。

　依頼人から事務所のことを忘れさせないための施策を考えていくことになりますが、そのためには定期的にお手紙（年賀状や暑中見舞いなど）を出すだけでなく、有益な情報を提供し続けることが、その関係性の継続に有効であったりします。

　事務所のニュースレターを定期的に送付したり、メルマガを発行したり、事務所の公式LINEアカウントを開設して、友だち登録を促したりして、いつでも事務所の情報や有益な情報に触れていただくような体制を整えておくと、いざというときにお声掛けいただくことができたりします。セミナーや相談会の開催を行う際にも、過去の依頼人へそれらの情報を発信して、その参加を促すようにするとよいでしょう。

　新規のお客様を獲得するコストは、リピートのお客様を獲得するコストに比べて数倍に及ぶといわれています。事務所経営を継続するのは、短距離走ではなくマラソンに近いので、新規のお客様を開拓し続けるのは、ずっと全力ダッシュをしていることと同じで、どこかで必ずスタミナが厳しくなってきます。一定程度の顧客獲得（これは見込みのお客様でもよいです）ができたら、とにかく役に立つ情報を与え続けることが重要だと思います。

　一度しっかりとした信頼関係ができて、事務所のことを忘れさせない工夫をするだけで、事務所の経営はより一層強固なものになると思います。

　業務多忙などで継続的にフォローするのが大変になってきたら、顧客フォローの自動化（ステップメールなど）の導入を検討したり、社内の人材を育成して、アフターフォロー部門を開設することも必要になるでしょう。ここで言いたいことは、とにかく1人ひとりのお客様といかに接点を持ち続けるかということです。業務完了後、継続的に仕事が発生する仕組みづくりに注力するとよいでしょう。

著者略歴

千田　大輔（せんだ　だいすけ）
東京都行政書士会所属行政書士、上級身元保証診断士、相続診断士。1981年北海道札幌市出身。北海学園大学法学部1部法律学科卒業。SATO行政書士法人を経て2005年行政書士登録、行政書士千田大輔行政法務事務所代表就任。2013年一般社団法人いきいきライフ協会札幌代表理事就任。2024年行政書士法人ドラゴンオフィス代表社員就任。

岡田　智憲（おかだ　とものり）
行政書士有資格者、法務博士。1983年北海道札幌市出身。北海道大学法学部卒業、同法科大学院修了。

著者の連絡先

行政書士法人ドラゴンオフィス

■札幌本社（札幌オフィス）
〒060-0042　北海道札幌市中央区大通西11丁目
　　　　　　4番地　登記センタービル3階
・メールアドレス　info@dragon-office.com
・電話番号　011(213)0901
・フリーダイヤル　0120(1717)79

■新宿支店（新宿オフィス）
〒160-0022　東京都新宿区新宿3丁目5番6号
　　　　　　キュープラザ新宿三丁目
　　　　　　ビジネスエアポート新宿三丁目
・メールアドレス　shinjuku@dragon-office.com
・電話番号　03(6384)2463
・フリーダイヤル　0120(1717)92

■ホームページ
・相続　https://spr-dsgyousei.com/souzoku/
・遺言　https://spr-dsgyousei.com/igon/
・家族信託・生前対策
　　　https://spr-dsgyousei.com/seizentaisaku/
・身元保証　https://spr-mimotohosho.com/

行政書士のための相続・遺言実務の基礎

2024年11月29日　初版発行　　2025年4月24日　第2刷発行

著　者　　千田　大輔　Ⓒ Daisuke Senda
　　　　　岡田　智憲　Ⓒ Tomonori Okada
発行人　　森　忠順
発行所　　株式会社 セルバ出版
　　　　　〒113-0034
　　　　　東京都文京区湯島1丁目12番6号 高関ビル5B
　　　　　☎ 03(5812)1178　FAX 03(5812)1188
　　　　　https://seluba.co.jp/
発　売　　株式会社 三省堂書店／創英社
　　　　　〒101-0051
　　　　　東京都千代田区神田神保町1丁目1番地
　　　　　☎ 03(3291)2295　FAX 03(3292)7687

印刷・製本　　株式会社丸井工文社

●乱丁・落丁の場合はお取り替えいたします。著作権法により無断転載、複製は禁止されています。
●本書の内容に関する質問はFAXでお願いします。

Printed in JAPAN
ISBN978-4-86367-929-0